Geschichten von Trulla

Frauke Baldrich-Brümmer

Geschichten von Trulla

Eine City-Single-Frau sucht den Akademiker fürs Leben

Verlag Monika Fuchs

Bibliografische Informationen der Deutschen Nationalbibliothek
Die Deutsche Nationalbibliothek verzeichnet diese Publikation
in der Deutschen Nationalbiografie;
detallierte bibliografische Daten sind im Internet über
http://dnb.d-nb.de abrufbar.

ISBN 978-3-940078-04-9

www.verlag-monikafuchs.de
Umschlaggestaltung: Monika Fuchs, Hildesheim
unter Verwendung von Illustrationen von Doris Gassner
Satz und Layout: MedienBüro Monika Fuchs, Hildesheim
Illustrationen: Doris Gassner, St. Johann in Tirol
Druck und Bindung: Friedrich Pustet, Regensburg
Printed in Germany 2008

Meiner Familie

Inhaltsverzeichnis

Vor-Trulla: Wie alles begann ...

Es gibt sie ja – und wir alle wissen es: die Menschen, die in unser Leben gepurzelt, gelaufen, gestolpert oder gerutscht kommen und die nun mal mehr und mal weniger an unserer Seite stehen.

Trulla kam geschritten. Sie kam eines Morgens, begleitet von meiner Muse. Ich hatte noch nicht gefrühstückt und war schlechter Laune. Die Welt, die reale, die draußen vor meinen Fensterscheiben, die jenseits meines Computers, erschien mir heute glanzlos, grau-in-grau, wie ein altes, verwaschenes Frotteehandtuch ohne Aufhänger und ohne Weichspüler. Und in mir, im Schreib- und Phantasieland, sah es auch nicht viel besser aus: Ein paar kleine Haiku spielten mit einem Sonett fangen und ein Elfchen jammerte was über Midlife-Crisis. Nichts Dolles also. Ich fragte meine Muse, ob sie nicht was anderes als die Trulla hätte vorbeibringen können. Meine Muse setzte sich im Schneidersitz auf den Tisch. Trulla walkte starken Schrittes auf mich zu und zischelte, alles, was Frauen wie wir im Leben brauchten, sei ein Mann, der in unsere City-Single-Wohnungen Liebe, Wärme und Geborgenheit brächte. Wir seien zwar stark, aber wir seien auch nackt. Wir bräuchten den Sommerschlussverkauf, Lachsbrötchen und den Baumarkt. Ich schaute mir Trulla genauer an. Sie war größer als ich und legte, wie sie mir gleich darauf mitteilte, großen Wert auf ihre akademische Herkunft und ihren spirituellen Hintergrund. Sie sei Single und glaube an Engel.

Ich roch an der Muse. Die Muse duftete wie immer nach frischgemähter Syntax und einem ganz kleinen Stich Wehmut, kurzzeilig.

Ich fragte sie nochmals, was ich mit Trulla anfangen solle. Die Muse zeigte lächelnd und mit einer einladenden Handbewegung auf meinen Schreibtisch. Widerwillig setzte ich

mich vor die Tasten. Die Muse und Trulla zogen sich zurück. Und ich fing an zu schreiben. Mit wachsender Begeisterung packte ich sie an, meine Freundin Trulla, die all das ist, was ich nie sein will, und die mir dennoch aus dem Herzen zischt. Trulla machte Geschichten. Und zog mich hinein in ihre Welt.

Ich habe sie aufgeschrieben, die trulligen Begebenheiten. Meine Muse ist recht zufrieden mit mir. „Gut, gut“, sagte sie, als sie mich eines Nachmittags besuchen kam. „Du hast sie offenbar schon fast in dein reales Leben integriert.“

Es wundert mich nicht. Sollte man mich also irgendwann eines schönen Tages einen Mann taxieren sehen und sollte man mich diesen fragen hören, ob er ledig und akademisch sei, da ich für meine Freundin Trulla einen ebensolchen am Suchen sei, dann bin ich vertrullat. Ganz und gar.

Frauke Baldrich-Brümmer

Trullas Welt

Kennen Sie Trulla? Nein? Möchten Sie Trulla kennen lernen? Schauen Sie – ja, das da hinten, die Blonde mit dem orangefarbenen Zweiteiler ... Die ist nicht zu übersehen, sagen Sie? Richtig. Das Ding hat sie übrigens von Big Angel, dem Laden für Frauen mit großen Flügeln, äh – Größen.

Trulla steht gerade genau vor dem Haus, in dem sie ihre City-Single-Wohnung hat. Sie schaut hoch ... Sehen Sie? Da oben, im fünften Stock, den kleinen Balkon, auf dem die üppigen Grünpflanzen ein unbefestigtes Dasein fristen?

Was Sie da so flackern sehen, das ist eines von Trullas Engelslichtern. Die Gute ist nämlich auf der Suche. Nicht nur so wie jetzt nach dem Haustürschlüssel, sondern nach einem Akademiker, der ihre Sehnsucht nach Liebe, Wärme und Geborgenheit zu stillen vermag.

Nun aber folgen wir Trulla in den Hausflur und schauen zu, wie sie den Briefkasten öffnet ... Sie wogt und schnaubt, nicht wahr? Sie sinkt auf die Stufen und presst einen Brief an ihren üppigen Vorderbau ...

Da hat wieder einer geschrieben, denke ich mal, einer, den Trulla über die akademische Partnervermittlung „Grieche sucht Griechin“ kennengelernt hat.

Zusammen mit dem Brief und der Mappe (Trulla ist, wenn sie nicht gerade pendelt oder auf Männerfang geht, auch noch Lehrerin) steigt Trulla nun die Stufen zu ihrer Wohnung empor und verschwindet in selbiger.

Was da drinnen so maunzt, ist Trullas Kater.

Und nun – hören Sie, hören Sie genau hin!

Trulla sagt ein Mantra. Davon hat sie viele ...

„Die Schiffe gehen auf hohe See.
Mein Herz geht aus
und sucht den Mann fürs Seelenschiff.“

12

Genug für heute?

Ich glaub es Ihnen.

Trulla genießt man am besten kapitelweise.

Trulla und des Pudels Hupe

Trulla, meine esoterische Freundin, stellt immer Kerzen für die Engel auf. Als ich noch mit Gerbhardt, dem Versicherungsfuzzi zusammen war, hat der ständig versucht, Trulla eine Brandschutzversicherung aufzuschwatzen. Denn eine Kerze lässt Trulla garantiert immer brennen, wenn sie aus ihrer Wohnung geht, aber sie ist der festen Meinung und Hoffnung, eine für einen Engel angezündete Kerze könne nie und nimmer Schaden stiften. Außerdem sei ja auch noch ihr Kater da. Der Kater ist ein fettes Vieh, das vor allem unverschämt haart und sich an allem reibt, was schwarz und fusselempfindlich ist. Ich glaube, dass der Kater auch ein wenig schuld ist an Trullas größtem Problem: Sie findet keinen Mann. Und das, obwohl sie seit ein paar Wochen bei der Akademischen Partnervermittlung „Grieche sucht Griechin“ ist.

Trulla hat eine feste, sehr starke Figur und ist ungefähr zehn Zentimeter größer als ich. Sie hat auch einen energischen Schritt. Wenn wir zusammen über den Markt gehen, dann fliehen die Tauben vor ihr. Trulla nimmt dies stets persönlich. Ansonsten ist Trulla im Schuldienst beschäftigt, sie ist das, was mein Vater so gerne von mir wollte, was ich aber nie bereit war, ihm zu geben: Als Realschullehrerin mit Beamtenstatus unterrichtet Trulla Deutsch, Geschichte und Religion. Sie ist außerdem stolze Bewohnerin einer citynahen Zweieinhalb-Zimmer-Wohnung, die sie demnächst zu kaufen gedenkt.

Eines Tages wollte sie was mit Winfried anfangen, einem Trödelhändler, der schräg gegenüber von ihr wohnt. Winfried hat einen Pudel und eine Verlobte. Trulla, die sich sehr gern mal etwas Wurmstichiges kauft, hat aus seinem Laden immer das rausgeholt, was besonders scheußlich und eigentlich schon unverkäuflich war.

Damals hatte ich auch fast was mit Winfried, das war an dem Abend, als ich an einem von Trullas Geburtstagen meine Kontaktlinsen verlor. Auch die Engel konnten sie nicht wiederfinden. Außerdem gab es Feuerzangenbowle und am nächsten Morgen lag ich in Winfrieds Bett. Es wäre nicht viel passiert, versicherte er mir treuherzig, ich sei recht müde gewesen und er ziemlich betrunken und außerdem sei er verlobt und habe einen Pudel. Was der Pudel damit zutun hatte, konnte ich nicht herausbekommen. Ich ging nach Hause, holte meine Brille und klingelte dann bei Trulla, die ihren freien Tag hatte. Wir suchten nach meinen Kontaktlinsen und fanden Unmengen von Katzenhaaren. Schließlich saugte ich noch mal alles ab und filzte dann den Beutel. Nichts. Ich fand die Kontaktlinsen schließlich im Bad auf der Ablage, dort musste ich sie wohl herausgenommen haben. Trulla und ich tranken noch einen Tee und sie berichtete mir, dass sie sehr scharf auf Winfried sei.

„Aber er ist doch verlobt", wagte ich einzuwenden. Trulla winkte ab. Das sei alles nur wegen seiner Mutter geschehen. Die habe drauf bestanden, dass er sich vor ihrem Tod mit der Gisela verlobe, sonst wäre er enterbt worden. Ich fragte, was er denn geerbt habe, und Trulla erzählte mir, es sei ein entzückendes Häuschen auf dem Lande. Ohne richtiges Wasser und fast ohne Strom, aber mit jeder Menge positivster Energie und absolut romantisch. Ich konnte mir die Bruchbude lebhaft vorstellen, sagte aber nichts dazu.

Das wahre Hindernis, das zwischen Winfried und den Frauen stehe, des Pudels Kern sozusagen, fuhr Trulla dann fort, sei aber diese gottverdammte Lockentöle namens Prinz. Ich horchte auf. Zu gerne hätte ich gewusst, was ein Pudel mit Frau oder nicht Frau zu tun hätte. Trulla sagte: „Ja, weißt du, der Winfried hat mir erzählt, dass der Pudel emotional total an die Gisela gebunden ist. Sie hat ihn nämlich als Welpen an ihrem wogenden Busen gewärmt und gehegt. Und typisch Kerl: Der blöde Hund ist voll auf die Gisela fixiert."

„Dann soll sie den Köter doch zu sich nehmen und die Sache ist gegessen", meinte ich. Trulla seufzte. So einfach sei das leider nicht. Der Prinz, die Gisela und der Winfried wären so etwas wie eine Symbiose eingegangen. Eine untrennbare Verbindung. Sozusagen eine menage à trois. Nur eben mit Hund – und da sei leider kein Platz mehr für sie frei. „Und deshalb muss er sterben!", sagte Trulla mit einem mir an ihr gänzlich unbekannten mörderischen Glitzern in den Augen. „Wer, der Winfried?", fragte ich verwirrt. Sollte Trulla zum Racheengel mutiert sein? Trulla winkte ab: „Der natürlich nicht, wie kommst du denn da drauf? Meinst du, ich lade mir so ein schlechtes Karma auf? Nein, der Pudel muss dran glauben."

Das schockierte mich fast noch mehr, ich fand den Pudel viel knuffiger als Winfried und mit Symbiosen, da kenn ich mich aus. Der Gerbhardt, mein Ex, hatte nämlich eine mit seinem alten, blauen Rollkragenpulli plus müffelnden Socken und dem Fernseher. Da hatte ich am Ende kapituliert.

Trulla hatte sogar schon einen Plan zur Beseitigung des Liebeshindernisses gemacht: Sie wollte das arme Tier vergiften. „Und die Engel?“, fragte ich. „Was sagen die dazu?“ Trulla schnaufte und holte ihr Engeltarot. Fächerförmig legte sie die umgedrehten Karten auf den Boden und zog sich eine. Die hielt sie mir absolut triumphierend unter die Nase. Ich sah einen Engel übers Wasser gehen.

„Du kriegst ’nen Rohrbruch“, mutmaßte ich. „Quatsch!“, rief Trulla und ermahnte mich, die heilige Sache nicht zu veräppeln. Der auf dem Wasser rumlaufende Engel stünde für „Die Reise“. Was nix anderes heiße, als dass der Pudel sich auf eine solche begeben müsse, ins Jenseits. Übern Jordan sozusagen.

Ich begriff, dass Kartenlegen vor allem eine Sache der Auslegung ist. Und der arme Prinz tat mir echt leid. Die Verlobte kannte ich ja nicht. Ich entschloss mich zu einer esoterischen Gegenaktion.

Bei meinem nächsten Stadtbummel ging ich ins „Himmelreich“, so einem Laden mit Kristallkugeln, Räucherkerzen und jeder Menge Karten. Ich guckte drei Engeltarots durch, bis ich das richtige fand. Beinahe hätte ich aufgequietscht, als ich auf einer Karte einen dicken, gelben Engel sah. Ich kaufte die Dinger und eilte nach Hause. Der blonde Engel sah meiner Freundin Trulla wirklich zum Verwechseln ähnlich. Ein kitschiges Licht war um ihn drum und die Karte hieß „Vergebung“. Ich schnitt aus einer „Fressnapf“-Reklamezeitung einen minikleinen, treudoof blickenden Hund aus und klebte ihn direkt ins Licht. Es wirkte täuschend echt.

Drei Tage später bat ich Trulla zu mir, ich hatte ein paar nette Schnittchen gemacht und eine Flasche Prosecco stand auch bereit. Während wir aßen und tranken, erzählte ich Trulla, ich hätte von einer Nachbarin gestern Abend so ein Engeltarot bekommen. Ich hatte die Karten in ein kitschiges, burgunderfarbenes Säckchen gepackt, das ich noch bei mir rumfliegen hatte. Trulla steht auf solche Verpackungen. Sie grapschte auch sofort völlig hektisch danach. „Stopp, stopp", sagte ich. „Ich wollte das Ding eigentlich längst wegwerfen. Aber einer von den blöden Engeln sieht aus wie du." Trulla erstarrte. Dann forderte sie mich mit erstickter Stimme auf, ihr sofort das Spiel zu zeigen. Ich öffnete das Säckchen, legte die Karten vor uns auf den Tisch und blickte ihr über die Schulter, als sie eine Karte neben der anderen fächerförmig aufblätterte. Der Vergebungsengel kam fast zuletzt. „Das gibt es doch nicht!", keuchte Trulla und hielt sich die Karte dicht vor die Augen. Ich schnappte sie mir und sagte absolut erstaunt: „Der Engel, das bist eindeutig du, aber der Hund, der war vorhin, als ich mir die Karten angeschaut habe, noch nicht drauf!"

Trulla keuchte noch mehr und verbarg dann das Gesicht in den Händen. „Ich wusste es doch. Ich soll den Hund auf seine letzte Reise schicken, ins Licht", murmelte sie. „Dann lies doch mal, was unter der Karte steht", sagte ich. Trulla schaute noch mal genauer hin. „Vergebung", flüsterte sie ergriffen. „Na also", meinte ich in aller Seelenruhe.

Trulla betupfte sich die Augen mit den Fingerspitzen. „Prinz soll leben", schluchzte sie. Sie bestand darauf, eine Kerze für die Rettung der Pudelseele und die Vergebung ihrer Mordgedanken anzuzünden.

Ich fragte sie dann gerade heraus, ob und was sie denn nun im Fall Winfried tun wolle. Aber Trulla war immer noch voll auf dem Karten-Trip. „Vergebung“, flüsterte sie immer wieder und dann noch was von Karma und Loslassen. Ich goss mir einen Prosecco ein und brachte Trulla dazu, mit mir anzustoßen. Um sie auf andere Gedanken zu bringen, erinnerte ich sie daran, dass sie ja auch noch in der Akademischen Partnervermittlung sei. Trulla sagte, sie hätte das Photo eines intellektuellen Feingeistes bekommen, das wolle sie die Tage bei Neumond mal auspendeln.

Nachklapp

Zwei Tage später lief mir die Pudel-Winfried-Gisela-Symbiose über den Weg. Die Vorhut bildete Prinz, welcher von Gisela an der Leine gehalten wurde. Winfried dagegen hielt sich an seiner Verlobten flatterndem Schal fest.

Am Abend klingelte mein Telefon, es war Trulla. Sie hatte mittlerweile das Pendel über dem Feingeist geschwungen. Es hatte kräftig zum Herzchakra hin ausgeschlagen. Ich bat Trulla um eine Übersendung des Photos per Mail und kriegte mich nicht wieder ein. Bei dem Typen auf dem Photo handelte es sich absolut eindeutig um den mir nur allzu gut bekannten Hubert, den wir Mädels damals nur harte Hupe genannt hatten, weil er ein sehr tougher Typ war, ein Womanizer ohnegleichen – aber nix Herzchakra. Hupe wechselte die Weiber schneller als Trullas Engelslichter niederbrannten.

Sein Photo jedoch weckte wohlige Erinnerungen in mir, gerne hätte ich ihn einmal wiedergesehen. Schnell griff ich zum Telefonhörer und wählte seine mir noch wohlbekannte Nummer, die in meinem Kopf sicher abgespeichert war.

Ich wollte Trulla zuvorkommen. Hubert war hoch erfreut, einmal wieder von mir zu hören. Als ich lässig ein Date für einen der kommenden Abende so nach dem Motto „Bei-mir-oder-bei-dir“ vorschlug, geriet der harte Hupe jedoch ins Strudeln. Er offenbarte mir, er sei Anhänger der „Ewigen Jünger des leuchtenden Lichts“ geworden, und sähe nun in der Frau ein vergeistigtes Engelswesen. Ich verabschiedete mich hastig. Diesen heiligen Hubertus konnte Trulla behalten.

Trulla schenkt sich einen Stuhl

Auch in diesem Jahr näherte sich, als es zu Ende ging, der Geburtstag meiner Freundin Trulla Mitte November mit Riesenschritten. Eine Woche davor ringelte Trulla bei mir an und bat mich zu einer „Hineinfeierparty" in ihre City-Single-Wohnung so gegen 22.00 Uhr. Sie hatte auch noch einige andere Leute eingeladen: ihren promovierten Steuerberater, ihre akademische Heilpraktikerin, den studierten Nachbarn von unten links, ihre diplomierte Katerfutterlieferantin aus dem Laden „Happy Cats" sowie ihren frisch geschiedenen Zahnarzt.

Ich überlegte, mit was für „mein" ich wohl an meinem Geburtstag würde aufwarten können. Ich hatte weder eine Steuerberaterin oder so eine Bachblüten-Nelke und mein Zahnarzt war tot. Außerdem dachte ich noch darüber nach, was ich Trulla zum Geburtstag schenken sollte.

Trulla steht ja sehr auf Engel und ähnliche geflügelte Wesen. Darum hat der Andy, den sie letztes Jahr noch eingeladen hatte, und der weder ihr Apotheker noch ihr Innenarchitekt, sondern ein einfacher Kollege aus ihrer Schule ist, ihr ein Hendl vom Wienerwald mitgebracht. Trulla hat sehr sauer reagiert und der Andy hat die Welt nicht mehr verstanden. Wir sind dann beide in ihr Arbeitszimmer gegangen und haben den Broiler gemeinsam gefuttert. Der Andy wurde nie wieder eingeladen.

Ich dagegen schon. Ich hatte beim Ramsch- und Trödelladen in unserem Viertel einen zweimal heruntergesetzten Engel gekauft. Dieser war hauptsächlich rosa und hatte offene Hände, da konnte man eine Kerze hinein tun. Ich wickelte den Engel in Ostereier-Geschenkpapier, da ich nichts Neutrales oder Weihnachtliches bei mir hatte finden können.

Mit dem in blaue Häschen und lila Eier plus Nestchen eingelegten Engel stiefelte ich um Viertel von zehn los und machte mich auf den Weg zu Trullas City-Single-Wohnung. Dort angekommen, klingelte ich dreimal, bis endlich jemand auf den Summer drückte.

Trulla wohnt im fünften Stock. Mein alter Kumpel Karsten, der sie früher oft besucht hat, als er noch ihren PC reparierte, ist ohne Pause immer nur bis in den dritten gekommen. Dort hat er dann Gabi kennen gelernt, die da ihre Wohnung hat. Seit die beiden ein Paar sind, werden sie von Trulla nicht mehr so oft eingeladen. Außerdem waren sie damals ohnehin in Österreich, das wusste ich, weil sie mir eine Karte geschrieben hatten.

In der Wohnung wurde mir der bereits anwesende Steuerberater, die Heilpraktikerin und der Zahnarzt vorgestellt. Die Futterlieferantin war Trulla zufolge an einer Grippe – hoffentlich keiner Katzengrippe – erkrankt und der Nachbar wurde noch erwartet.

Ich durfte mich zwischen den Steuerberater und den Zahnarzt setzen, derweil Trulla mit Gläsern und Schälchen zwischen Küche und Wohnzimmer hin- und herflitzte.

Der Zahnarzt übrigens schien Trullas Wunschmann zu sein, sie gurrte sich nämlich immer wieder an seine Seite. Der Steuerberater hingegen konnte mit der Heilpraktikerin zunächst nicht viel anfangen. Beide fanden sich dann jedoch beim Absetzen von Arbeitszimmern.

Trulla hatte endlich alles aus der Küche geholt, der Nachbar erschien mit einer Flasche Wein und ich ging erst mal ins Bad. Dort inspizierte ich unauffällig Trullas Badezimmerschränkchen (bei ihr haben sogar die Slipeinlagen Flügel) und bediente mich ein bisschen ihres Rouges und des Haarlacks.

Dabei fiel mir ein, dass ich noch immer mein Geschenk in der Handtasche hatte. Ich überreichte es Trulla, als ich ins Wohnzimmer zurückkam. Trulla fand den Engel sehr niedlich. Ihr Nachbar, Rudi, raunte mir allerdings zu, den habe er irgendwo schon mal gesehen ...

Ich fragte den Zahnarzt, ob Engel seiner Meinung nach auch Zähne hätten, er schaute mich sehr an und Trulla entschuldigte sich für mich. Sie sagte, ich hätte eine große Phantasie und sah dabei wie meine Deutschlehrerin aus, wenn ich mal wieder im Aufsatz das Thema verfehlt hatte. Ich sann auf Rache. Eigentlich brauchte ich nach dem Ableben meines alten durchaus mal einen neuen Zahnarzt, aber dieser gefiel mir irgendwie nicht so dolle.

Zwei Rotwein später fragte ich ihn, ob er Trullas „SSSSSS“ gemacht hätte. Trulla ist nämlich vor ein paar Jahren mal vom Rad gefallen und hat sich beide Schneidezähne ausgeschlagen. Sie hat zwei neue bekommen, und weil die Zähne daneben auch nicht mehr die feinsten waren, kriegte sie eine Oberkiefer-Runderneuerung, und seitdem zischt sie ein wenig, wenn sie sehr erregt ist und dann Sätze mit viel „S" drin sprechen muss. Trulla wurde wutrot im Gesicht und der Zahnarzt erklärte, dass es mittlerweile grandiose neue Erfindungen in der kieferchirurgischen Zahnimplantation gäbe und er das Fräulein Trulla (er sagte tatsächlich Fräulein, als ob er der Doktor Faust sei) sehr gerne damit versorgen täte, leider zahle da die Kasse aber nichts zu.

Trulla sagte mit einem fiesen Blick auf mich, dass sie sich das leisten könnte. „Ich hab's!", schrie da der Nachbar. Wir alle wollten wissen, was, und er sagte: „Na, ich weiß, wo ich den rosanen Engel schon mal gesehen habe! Er hat neben den Mülltonnen gestanden! Und da hab ich ein Herz für hässliche Engel bekommen und ihn zum Ramschladen am Stadtpark, dem kleinen neben dem Spielplatz, gebracht. 2 Euro hab ich dafür gekriegt." „Und mir hatte dieser Trödelheini noch 5 Euro 95 dafür abgeköpft", dachte ich in heller Empörung.

Trulla jedoch schien an dem Thema Engel nicht mehr interessiert, sondern schleppte stattdessen einen ziemlich dünnbeinigen Stuhl aus ihrem Arbeitszimmer heraus. „Den habe ich mir direkt aus Paris bestellt und zum Geburtstag geschenkt", sagte sie glücklich. Der Zahnarzt trat an den Stuhl heran, beklopfte und befummelte ihn. Ich erwartete, er würde gleich „oben rechts eine Füllung auf vier sieben" anordnen, aber er sagte nur: „Das ist entweder ein nachgemachter Louis Seize oder echtes Rokoko." Die Heilpraktikerin meinte, die Sitzfläche würde gut zu Trullas Aura passen. Der Steuerberater fragte, ob Trulla den Stuhl ins Arbeitszimmer stellen würde. Der Nachbar grinste und meinte, den Stuhl habe er nicht neben einer Abfalltonne gesehen, aber einen, der diesem sehr ähnlich sei. Wenn

Trulla sich beeile, sei er vielleicht noch da. Ich sagte, ich würde den Stuhl Stühletto nennen, wegen der extrem dünnen Beinchen. „Niemals", rief Trulla und legte die Arme beschützend um ihren Neuerwerb, auf dem sie dann um Mitternacht Platz nahm.

Wir standen alle auf, stießen mit Sekt auf das Geburtstagskind an und dabei Stühletto fast um.

Nachklapp

Ich verließ die Party wenig später mit dem Nachbarn, in dessen Wohnung ich am nächsten Morgen erwachte. Als ich aus dem Fenster schaute, sah ich den Zahnarzt mit Stühletto unter dem Arm die Straße überqueren.

Wie ich später erfuhr, hatte er ihn gerade als Anzahlung

für Trullas neues „SSSS" geholt, das wohl doch teurer wurde als ursprünglich erwartet.

Er hat ihn Trulla aber bald darauf zurückgebracht, weil er ihn nicht verhökern konnte. Trulla hat ihre Zähne dann in acht Raten bezahlt, um den Zahnarzt möglichst oft sehen zu können, und Stühletto ist noch immer bei ihr. Aber wenn sie erregt ist, zischt die gute Trulla nach wie vor ...

Trulla und das neue Pendel

Was die Frau Wirtin hat, dass wissen wir. Meine Freundin Trulla hat seit einer Woche ein nagelneues Pendel und ringelte deshalb bei mir an. Sie lud mich auch gleich zu sich ein, weil sie das neue Teil, das sie im Eso-Laden ihres Vertrauens gekauft hatte, auszuprobieren wünschte. Ich sagte ihr, dass ich ehrlich gesagt nicht so gerne ausgependelt werden wollte. Trulla schnaufte. Das Pendel würde auch Fragen über Männer beantworten, lockte sie mich.

Zögernd willigte ich schließlich ein, denn es gab schon ein paar Fragen, die ich einem gewissen Herrn der Schöpfung gerne gestellt hätte.

Trulla hatte der fast schon frühlingshaften Temperaturen wegen den Balkon ihrer City-Single-Wohnung zu präparieren begonnen. Sie hatte die Weinflaschen entfernt und Stühletto ins Freie getragen. Ich durfte auf einem Küchenschemel Platz nehmen.

Wir tranken erst mal einen Prosecco und dann begehrte ich, das Pendel zu sehen. Trulla entfaltete ein lilanes Tuch, wodurch ein schwarzes Kästchen zum Vorschein kam. In diesem lag das Pendel, das an einem Silberkettchen hing und auch silbern war.

Trulla probierte nun zuerst mal aus, wie ich mit dem Pendel zu kommunizieren hätte. Ich sollte ihm eine Frage stellen, auf welche das Pendel nur würde mit „Nein" antworten können. „Bin ich reich?", fragte ich also das Pendel, welches alsdann über meiner Hand kreisende Bewegungen vollführte. „Ein Kreis ist bei dir also ein deutliches Nein", klärte Trulla mich auf. „Nun versuche es zur Sicherheit noch mal mit einer Nein-Frage, bitte."

„Ist Trulla reicher als ich?", wollte ich nun von dem Ding wissen. Wieder Kreisen. Ich schaute Trulla kugelrund an. „Was ist passiert?", fragte ich. „War das Pendel so teuer?" Trulla schnaufte. „Frag noch mal!", zischte sie. „Pendel, bitte sage mir, ob Trulla reicher ist als ich", sprach ich mit viel Nachdruck. Das Pendel kreiste. Die Sache begann mir Spaß zu machen. „Ist Stühletto echt?" Wieder eindeutige Kreisbewegungen.

Trulla kreischte, ich sei eine verdammte Spielverderberin und bei mir ginge es nicht. Dann müsse sie es eben andersrum probieren. Ich sollte mir nun eine Frage ausdenken, die man nur mit einem Ja, einem eindeutigen Ja beantworten könnte. „Sitze ich hier im Moment auf Trullas Balkon?", fragte ich. „Nein", antwortete das Pendel prompt. Trulla sah mich an und fragte, ob ich mich ausweisen könne. Ich holte meine Tasche und meinen Personalausweis, den ich ihr reichte. Trulla glotzte auf das Foto. „Das bist du", sagte sie.

Dann aber erklärte sie, sie würde nun selber pendeln, und zwar über dem Foto eines Mannes, von dem sie sich sehnlichst Liebe, Wärme und Geborgenheit wünsche. Der Mann hieße Herbert. Bei ihr würde das Pendel im Falle eines Jas immer kreisen und bei Nein kräftig hin und her schwingen. Ich schaute mir Herbert an. Er trug Socken in Sandalen zu einer aschgrauen Hose und einem karierten Oberhemd. An seinem Arm hing ein Regenschirm, der mir besser als der Mann gefiel.

Trulla bat mich, Herbert zu halten. Ich bettete ihn in meinem Schoß und Trulla fragte: „Ist das da der richtige Mann für mich?“ Das Pendel kreiste. „Ja“, kreischte Trulla, „er ist es.“

„Vielleicht meint das Pendel den Schirm“, sagte ich und Trulla forderte mich auf, der Sache doch bitte mit dem nötigen Ernst zu begegnen. Sie fragte das Pendel nun noch eine Menge Sachen, ob der Mann Geld habe, eine reine, helle Aura, eine reinkarnierte Seele – und das Pendel pendelte immer brav ein Ja.

Ich bat Trulla, es bitte, bitte auch noch mal versuchen zu dürfen. Ich würde auch eine ernsthafte Frage zu dem Manne stellen. „Meinetwegen“, murmelte Trulla und gab mir das Pendel. „Hat der Mann einen Regenschirm am Arm?“, fragte ich, denn ich wollte es dem Pendel nicht zu schwer machen. Das Pendel bejahte mein Frage mit heftigem Hin- und Herschwingen. „Gut“, lobte Trulla. „Jetzt scheint es auch bei dir zu klappen. Du darfst weiter fragen!“

„Na prima“, dachte ich. „Ist der Mann bereits verheiratet?“ Das Pendel schwang heftiger vor und zurück denn je zuvor, zumindest so lange, bis Trulla es mir entriss und wutentbrannt nach mir warf. Ich duckte mich geistesgegenwärtig und das Pendel schlug in den Sonnenschirm ein. „Raus!!!“, brüllte Trulla. Ich griff mir meine Tasche und machte, dass ich wegkam.

Zwei Tage später ringelte Trulla sehr kleinlaut bei mir an. Ich, beziehungsweise das Pendel, hätten recht gehabt. Herbert habe tatsächlich eine Frau. Von der stamme auch der Regenschirm. „Ich danke dir“, schluchzte Trulla.

Nachklapp

Trulla geht nun nie mehr ohne das Pendel aus dem Haus. Sie pendelt sogar, ob sie in Parklücken reinkommt. Neulich hat sie aus Versehen eine Politesse angependelt und einen Bus. Der Bus ist stehen geblieben. Trulla war ganz aus dem Häuschen. Ich denke, sie wird bald für „Pendel, Pech und Pannen“ gecastet.

Trulla fliegt mit Socken

Meine Freundin Trulla ist schon öfter geflogen und auch schon richtig weit, zum Beispiel nach Australien. Sie ist Lehrerin und als solche hat sie ja auch eine Menge Ferien, die sie sich redlich verdient hat, da sie „den jungen Menschen von heute die Dichtkunst, die Schönheit der deutschen Sprache, die Wichtigkeit der korrekten Grammatik sowie die historischen Eckpfeiler des Weltgeschehens näher bringt", wie Trulla dies zu nennen pflegt.

Sie pfeilert da nun also monatelang und dann braucht sie Erholung und die verbringt sie ungern in deutschen Landen. Trulla wollte diesmal eine Bildungsreise nach England unternehmen, die eine Woche lang dauern sollte.

Ich begleitete sie zum Flieger nach London. Im Parkhaus des Flughafens rammte Trulla eine Betonwand. Sie kriegte sich erst nicht ein wegen der kleinen Beule. Am meisten jedoch befürchtete sie, dass ihr Gepäck Schaden genommen haben könnte. Ich öffnete den Kofferraum und stand einem Alptraum in Blau gegenüber, den Trulla nun hurtig aus dem Auto hievte: einen Schalenkoffer in groß, einen weiteren in klein und ein Beautycase. Trulla sagte, die drei Koffer seien im Angebot gewesen und sie habe diese daher sofort gekauft. Ich fragte sie, warum sie denn alle drei vollgepackt hätte und meinte, sie müsse bestimmt nachzahlen – wegen Übergewicht.

„Ich habe kein Übergewicht", zischte Trulla. Doch dann verstand sie und machte den großen Koffer auf. Sie entschloss sich, zwei der drei Hosenanzüge, ein Kostüm und vier Kleider im Kofferraum zurückzulassen, jammerte aber, das würde bestimmt geklaut, und befahl mir, täglich zum Flughafen zu kommen und die Klamotten zu überwachen. Als Alternative bot sie mir an, ich könne diese ja auch mit zu mir nach Hause nehmen, dürfe sie aber nicht anziehen.

30 Ich lehnte beides ab und sagte, ich könnte mir nicht vorstellen, dass jemand diese Sachen freiwillig mitnehmen würde. „Sie sind aber alle von Big Angel, Original Big Angel für starke Frauen", jammerte Trulla. „Ja, eben drum", sagte ich. Trulla wurde wütend und meinte, so manch eine Frau mit feminin-brustlastiger Rubensfigur würde glücklich über diese Kleider sein.

Ich schaute auf meine Uhr und fragte Trulla, ob sie den Flieger noch kriegen wolle. Trulla sah auch auf die Uhr und erschrak. Wenn Trulla erschrickt, gerät sie immer ziemlich aus den Fugen ihrer Weiblichkeit. So war es auch diesmal. Ihr Rock platzte an einer sichtbaren Stelle. Ich gab ihr Deckung und sie zog die Luft ein und einen anderen Rock an. Dann beluden wir uns mit den Gepäckstücken und sausten los.

In der Abflughalle hat Trulla den Koffer noch mal geöffnet. Wegen Socken. Trulla hat in Flugzeugen immer große

Angst vor einer möglichen Entführung. Und einer hat ihr mal gesagt, sie würde bestimmt nie entführt, vor allem nicht, wenn sie zu ihren Röcken noch Tennissocken trüge. Also zog sie sich hurtig ein Paar weiße Socken mit blau-rotem Rand über ihre Feinstrumpfhosen. „Perfekt!", sagte ich. „So nimmt dich keiner." Trulla zischte nur, ich solle ja nicht vergessen, ihre Balkonpflanzen zu gießen und die Katze zu füttern.

Dann belud sie sich mit ihren Gepäckstücken und stiefelte von dannen.

Nachklapp

Alles in Trullas Wohnung klappte gut bis auf gestern. Ich war tierisch in Eile und da hab ich versehentlich Stühletto gegossen und das Katzenfutter in die Pflanzen gepackt.

Heute nun sah ich, dass Stühletto einen Fleck hat. Ich werde sagen, es waren die Engel. Das Futter hat die Katze aus den Pflanzen rausgenascht, aber die Blumen riechen bisschen komisch.

Ich bitte also verzweifelt um einen Tipp, wie ich Trulla, die morgen wiederkommt, das mit dem Geruch klarmachen soll.

Trulla und die Tupper-Hochzeit

Ich hätte ja nie gedacht, dass es mich noch mal so treffen würde. Mit „es" meine ich keine Virusgrippe, auch keinen verirrten Fuß- oder anderen Ball und auch keinen Sechser im Lotto. Wobei – der Sechser wäre auch nicht schlecht gewesen, dachte ich, denn dann hätte ich eine Menge Geld auf der Bank und meine Katze würde den ganzen Tag lang dieses Futter kriegen, wo die Frau in der Werbung ihrer Muschi noch einen Petersilienstängel obendraufiegt.

Nein, mit „es" meine ich so ungefähr das, was meine Freundinnen immer meinen, wenn sie sagen, es habe sie eiskalt erwischt, sie seien hin und weg, es wär um sie geschehen.

Man könnte denken, sie würden sterben, aber dem ist nicht so. Sie haben sich schlicht und ergreifend nur mal wieder richtig heftig verliebt. Oder wie es meine Freundin Trulla sagt: „Endlich habe ich jemanden gefunden, der mir Liebe, Wärme und Geborgenheit schenkt."

Meine verliebten Phasen haben in den letzen Jahren nur immer so um die drei Wochen angehalten. Darum machte sich in mir schon fast Panik breit, als auch nach zwei Monaten noch kein Wölkchen am Beziehungshorizont aufgetaucht war. „Was soll ich nur machen?“, fragte ich meine Freundinnen rat- und hilfesuchend. „Es sind nun schon fast drei Monate – und der mag mich immer noch!“

„Abwarten!“, hieß der Ratschlag, den frau mir da zu geben in der Lage war. Als ich einige Wochen später bekennen musste, dass ich immer noch meinte, den Richtigen gefunden zu haben, und auch dieser allem Anschein nicht von mir lassen wollte, runzelte meine Freundin Trulla die Stirn: „Dann solltest du mal anfangen nachzudenken.“ „Über was?“, wollte ich wissen. „Na, schlag zu, hol ihn dir. Krall den dir endgültig, eh es zu spät ist – so eine Gelegenheit kommt nicht so schnell wieder!“

Ich war ein bisschen verblüfft. Mein Auserwählter war schließlich kein Schnäppchen vom Winterschlussverkauf. „Nur, weil er schon geschieden ist, ist er doch keine reduzierte Mangelware“, sagte ich. „Außerdem liegt er nicht in der Auslage und da stehen keine anderen 180 Frauen bereit, die scharf auf ihn sind.“ „Wer weiß?“, fragte Gundi. „Denk doch mal nach. Er ist in einem durchaus noch bindungsfähigem Alter, sieht offenbar nicht schlecht aus – und hat er Geld?“

Bei dem Wort „Geld“ bekam Rita gierige Augen. „Im Vergleich zu mir hat fast jeder Geld“, sagte ich, doch dann ließ ich mich zu der Auskunft: „Er hat ein Haus!“ hinreißen, was Trulla bereits wusste.

„Was?“, riefen aber die beiden anderen wie aus einer Weiberkehle und Gundi wollte wissen, wo er wohne. „Ich bin doch keine Barbie-Puppe, die sich eine Traumvilla wünscht“, stieß ich hervor. „Wofür haltet ihr mich eigentlich?“ „Wir wollen doch nur dein Bestes“, sagte Evi – was sehr nach meiner Mutter klang.

Zwei Wochen später hatte ich Geburtstag, den ich, des Platzes wegen, nicht bei mir, sondern bei dem neuen Mann feiern wollte. Er wollte mir ein richtig schönes Fest bereiten und ließ es sich nicht nehmen, zu backen, zu braten und zu frittieren, sodass am Geburtstag ein richtig nettes Büffet im Wohnzimmer stand.

Natürlich lud ich auch meine Freundinnen ein. Gundi, Evi und Trulla erschienen in trauter Dreisamkeit, Rita etwas später. Sie nahmen Platz und probierten dann nach einer Weile die diversen Leckereien. „Das hast du aber nicht gekocht“, war ihre einhellige Meinung, nachdem sie sich einmal durchs Büffet hindurchgearbeitet hatten.

Später fand ich Gundi und Rita sinnend vor dem Umluftherd mit Ceran-Kochfeld stehen, während Trulla und Evi mit seligem Blick vor einem Bord standen, in dem diverse Küchenutensilien aufbewahrt wurden. „Hutschenreuther“, sagte Trulla mit glasigen Augen. „Die neueste Tupperware“, ächzte Evi. „Spiegelau-Gläser, Silit-Kochtöpfe und so viel von WMF“, flüsterte sie dann mit einem Blick, als sei ihr eine Kreuzung aus Mutter Theresa, Bill Gates und Meister Propper erschienen.

Als das Haus gästeleer war, wunderte ich mich ein wenig. Meine Freundinnen kannte ich sonst als durchaus emanzipierte Wesen, Gundi hatte sogar während ihrer wilden Jahre Alice Schwarzer gelesen und ein Vierteljahr lang in einer Wohngemeinschaft gelebt.

Beim nächsten Frauen-Klönabend, der in Ritas Wohnung stattfand, fragte ich die drei geradeheraus, wieso sie vor einem glänzenden Kochpott kapitulieren würden. Einhellig wurde mir mitgeteilt, dass ich keine Ahnung hätte. Ein Mann, der über diese Kostbarkeiten verfüge, hätte Qualitäten, die ich offenbar gar nicht verdiente.

Ich dachte an mein häusliches Sammelsurium aus Ikea-Geschirr und Woolworth-Besteck, das ich liebte. Jedes Teil hatte seine Geschichte. Der alte, schwarze Kochtopf zum Beispiel, in dem ich Dosensuppen kochte und auch mal zusammen mit meinem Ältesten seine Englisch-Klassenarbeit-Sechs verbrannt hatte. Die fünf Kuchengabeln, die ich dereinst nach einer Matinee im Rathaus mitgehen ließ …

„Sie verdient das doch gar nicht", sagte Trulla zu den anderen. „Sie würde die Spiegelau-Gläser glatt in die Spülmaschine tun."

Abschließend meinte Gundi: „Ein guter Rat: Das ist ein Mann fürs Leben. Zum Heiraten, sozusagen."

Auf dem Heimweg dachte ich nach. Der neue Mann besaß außer dem Haus mitsamt Tupperware plus WMF auch noch herrliche Grafiken, ein Auto und eine Lebensversicherung. Als ich nach Hause kam, rief mich Trulla an. Sie riet mir, im Falle einer Heirat unbedingt einen Ehevertrag aufzusetzen, damit ich bei einer Scheidung nicht ohne ein Spiegelau dastünde.

Ich erinnerte sie an ihren flotten Dreier aus Liebe, Wärme, Geborgenheit und betonte, dass ich bei Wärme nicht an ein Ceran-Kochfeld und bei Geborgenheit nicht an Aktienfonds dächte. Da war es um Trulla geschehen. „Wertpapiere", hauchte sie in den Hörer und brach in hemmungsloses Schluchzen aus. „Ein Mann mit Wertpapieren und einem Umluftherd – was willst du eigentlich noch?"

Nach dem Gespräch ging ich in meine Küche und betrachtete stirnrunzelnd meinen alten Freund, den Gasherd. „Ich werde dich nie verlassen, nie!", flüsterte ich und schluckte ein wenig an einer Träne.

In dieser Nacht träumte mir, ich erhielte ich einen Ring, ein Dutzend rote Rosen, einen Rilke-Gedichtband und einen Heiratsantrag.

Der Ring passte, der Rilke auch und ich fühlte mich so, wie meine Großmutter sich gefühlt haben musste, als mein Großvater eines Nachmittags mit Cut und Zylinder auf dem hochglanzpolierten Trecker angetuckert kam (an den Füßen noch die Gummistiefel mit Mist und Stallgeruch) und – wenn man der Überlieferung Glauben schenken darf – schrie: „Grete, die Schecke hat gekalbt, der Hengst vom Meierhof hat endlich die Trude gedeckt – wollen wir heiraten?" Meine Großmutter legte den großen Löffel zur Seite, mit dem sie gerade im Eingemachten gerührt hatte, und wischte sich die Hände an der Schürze ab. Sie schaute meinen Großvater gerührt an. „Bitte, mach mir die Freude, sag ja ...", stammelte dieser, sprang vom Trecker ab und zog dabei einen ramponierten Feldblumenstrauß unter seinem Hintern hervor. „Sag ja, und du machst mich noch glücklicher als damals die Sau!" Mit dieser meinte er niemanden anders als das Schwein Gertrude, welches immer so prächtig ferkelte. „Ja, wenn das so ist", sagte meine Großmutter – und damit war die Sache perfekt.

„Aber nur, wenn du nicht schimpfst, wenn ich die Spiegelau-Gläser in die Spülmaschine tu und wenn ich meinen Gasherd mitbringen darf", schluchzte ich und warf mich in die Rosen.

Nachklapp

Am nächsten Morgen teilte ich Trulla meinen Traum an-ringelnd mit. Trulla keuchte. Sie sagte, sie werde eine Kerze anzünden. „Danke, das ist lieb von dir!", meinte ich. Doch ich wurde sofort eines Besseren belehrt. Die Kerze sei nicht für mich, sondern für die wertvollen Haushaltsgeräte einschließlich Ceran-Kochfeld, als Schutzlicht, damit diese mich überleben täten, wenn es tatsächlich einmal zu dieser Hochzeit käme …

Trulla reitet akademisch

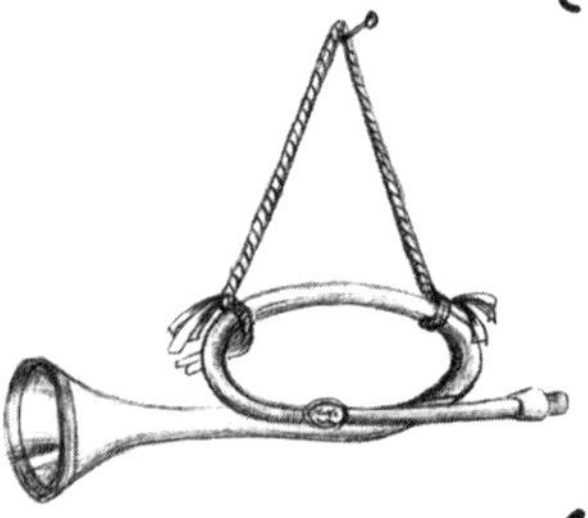

An einem regnerischen Herbstabend ringelte Trulla mich an. Ob ich schon wüsste, dass es in unserer Stadt einen Akademischen Reitverein gäbe. Ich sagte Trulla, so einen Verein würd ich genauso dringend brauchen wie meine sterilisierte Katze einen Kater.

Trulla zischte. Erstens käme es nicht darauf an, was ich bräuchte, und zweitens fände sie es schlimm, eine Katze triebzubeschneiden. „Die hat auch ein Anrecht auf einen Partner und ein erfülltes Liebesleben!“, schnaubte sie in den Hörer. Dann sagte sie, sie würde morgen raus fahren aufs Land, dorthin, wo der Akademische Reitclub seine Pferde und seine Akademiker stehen hätte. Ob ich nicht mitkommen wolle?

Ich bin in meinem Leben einmal auf einem Pferd geritten. Damals war ich zwölf, es war im Urlaub im Schwarzwald, es regnete und das verdammte Pferd lief die ganze Zeit um einen Baum. Wenn, so sagte ich Trulla, ich nicht todesmutig herabgesprungen wäre, würde ich wahrscheinlich noch heute um diesen Baum traben, immer im Kreis herum.

Trulla lachte hell auf und meinte, die Reiterei fände unter Führung und Anleitung statt. Ich dachte, dass ich es nett fände, mal zu sehen, wie Trulla auf einem Pferd aussieht. „Ich komme mit, wenn ich nicht reiten muss", antwortete ich. Trulla versprach, dass ich mich auf kein Pferd setzen müsse, wenn ich das nicht wolle, und holte mich am nächsten Nachmittag ab.

Sie hatte sich die Reitkappe ihrer Schwester geborgt, die einen größeren Kopf hat als Trulla. Deshalb hatte sie die Kappe mit einer langen Skiunterhose ausgestopft. Stiefel, so erklärte sie mir, würden gestellt, und eine Reithose bräuchte sie noch nicht beim ersten Mal.

Wir fuhren in den Herbstnachmittag über Land. Trulla seufzte angesichts der fallenden Blätter und zitierte Rilke: „Wer jetzt kein Haus hat ..." „Wer jetzt ein Pferd hat, der fällt sicher runter", sagte ich frohgemut, als wir in den akademischen Reiterhof einfuhren.

Wir wurden von einer superschlanken, sehr jungen, blonden Frau im Reitdress begrüßt, die von Trulla eher missmutig gemustert wurde und sich als Jurastudentin vorstellte. Sie ging ein Pferd und Reitstiefel für Trulla holen und kam wenige Minuten später mit einem Reittier zurück, das sie uns als „Jonas" vorstellte. Ich tätschelte Jonas den Hals und Trulla fragte, wo die Herren seien, die mit ihr ausreiten wollten, so sei es besprochen. „Der Herr Doktor Pengler und der Herr Doktor Fakusch kommen gleich", sagte die Junge, worauf Trullas Miene sich sehr aufhellte.

Sie nahm einen tüchtigen Anlauf, um Jonas zu besteigen, blieb aber hälftig auf dem Pferdebauch hängen. Nach drei weiteren vergeblichen Versuchen fragte ich, wie lange ein

Pferd so was überleben würde. Die junge Frau lachte und sagte, der Jonas sei zäh und lammfromm. Trulla wirkte weniger zäh und war mittlerweile puterrot im Gesicht. Doch da kamen die zwei Herren aus den Stallungen geschritten, Trulla zog den Bauch ein und lächelte in ihre Richtung. Die Doktores trugen beide rote Reitkappen und enorme, glänzende schwarze Stiefel. Sie begrüßten Trulla und mich mit einem markigen Handschlag und beiden gelang es dann mit vereinten Kräften, Trulla aufs Pferd zu hieven.

Die junge Frau kam dann mit zwei anderen Rössern an der Leine, die Doktores stiegen auf, nahmen Trulla in die Mitte und ritten langsam durch die große Pforte hinaus. „Viel Glück", schrie ich Trulla hinterher und ging zur benachbarten Kuhweide, weil ich Kühe viel lieber als Pferde mag.

Nach etwa einer halben Stunde sah ich die drei Reiter wieder auftauchen. Sie ritten nun im leichten Trab und die Herren wippten dazu in den Steigbügeln auf und nieder. Dergleichen versuchte auch meine Freundin Trulla, wobei sie sich steif aufstellte und dann auf den Pferderücken plumpste.

Ihre Reitkappe war ein wenig verrutscht und gab das eine Bein der rosa Skiunterhose frei, es sah lustig aus. Die beiden Herren sprangen ab, zogen Trulla vom Pferd und sagten, sie hätte sich tapfer geschlagen, und gerne hätten sie sie zu einem standesgemäßen Umtrunk eingeladen, aber sie hätten heute Vereinssitzung, leider, leider. Ob Trulla am nächsten Sonntag zur Hubertusjagd kommen wolle?

Trulla sagte begeistert zu und vertraute mir auf der Rückfahrt an, dass beide Doktores sie schon sehr in den Bann gezogen hätten. „Und nun noch der Hubertus", murmelte sie versonnen. „Das muss ja eine Mannsbild sein, wenn man Jagd auf ihn macht."

Als ich Trulla am nächsten Tag anringelte, stöhnte sie ins Telefon: „Ich sterbe, diese Schmerzen, ich vergehe, ich halte es nicht mehr aus!“ Alarmiert wollte ich wissen, wo es ihr weh täte. „Mein Hinterteil“, schluchzte Trulla. „Meine Schenkel! Vom Reiten! Es tut so weh, ich habe mir schon Hirschhorntalg aus der Apotheke geholt!“ Ich tröstete Trulla, dass der Schmerz sicher bald vergehen werde und es beim nächsten Mal bestimmt nicht mehr so weh täte.

Trulla zischte. Der eine der Doktores, der Pengler, hätte sie angerufen und käme heute mit der Mitgliederzeitschrift und einem Aufnahmeformular vorbei. „Und ich kann nicht sitzen“, greinte Trulla. Ich sagte, dann solle sie doch liegen, aber Trulla zischte nur, ich hätte keine Ahnung und knallte den Hörer auf.

Einen Tag später ringelte sie mich an. Sie habe den Doktor im Stehen empfangen und sie hätten an die Küchenanrichte gelehnt einen Mokka getrunken. Und am Sonntag ginge sie zur Hubertusjagd.

Nachklapp

Das Ergebnis der Jagd berichtete mir Trulla am Montag. Sie habe sich grenzenlos blamiert. Denn es habe keinen akademischen Hubertus gegeben. Sie habe nach dem Doktor oder Professor Hubertus gefragt, aber alle seien nur einem berittenen Mann mit einem Fuchsschwanz hinterhergejagt, und der Schnellste habe den Schwanz gepackt und an sich genommen, und der Reiter sei nicht mal Akademiker gewesen, sondern ein Bauer, den die Studierten sich zum Zwecke der Jagd ausgeliehen hätten.

„Es heißt nur so zu Ehren des heiligen Hubertus“, sagte Trulla. Und ausgerechnet diese zickige blonde Juristin in spe habe den blöden Schwanz erbeutet. Alles habe sich zum Trunke um sie geschart, Hörner hätten geblasen und um Trulla hätte sich niemand gekümmert.

Die akademische Reiterei war damit für Trulla gestorben, aus und vorbei.

Trulla und der Mardermörder

Mein Freund hat eine Mutter, im Gegensatz zu meiner Mutter lebt die aber noch und wird daher auch des Öfteren von ihrem Sohn und von mir besucht. Ich mag die alte Dame. Sie hat ein Haus und das Haus hat einen Dachboden und der Dachboden hat seit kurzem einen Marder.

Frauen sammeln ja Schuhe, sagt man, und Männer sind Jäger. Meiner wollte nun auf die Marderjagd gehen, beziehungsweise, er wollte dem auf dem Dachboden seiner Mutter hausenden Untier den Garaus machen. Der Marder sollte entweder auf frischer Tat ertappt, ausgeräuchert oder ausgesperrt werden, am liebsten alles auf einmal. Zu diesem Behufe nun fuhr mein Freund mit einer kompletten Marder-Vernichtungseinheit im Kofferraum seines Wagens zu seiner Mutter. Ich hatte zu tun und konnte nicht mit. Am ersten Abend rief er mich an und erklärte, der Marder befände sich noch auf dem Dachboden. Er würde ihn aber noch erwischen, am nächsten Morgen solle die Jagd weitergehen.

Am Abend ringelte mein Handy. Es war Trulla. „Ich sitze hier mit einer Flasche“, sagte sie mit recht schwerer Zunge. „Wie heißt er?“, wollte ich wissen, denn ich dachte, es handele sich um einen Kerl. „Spätburgunner“, lallte es zurück. „Halbtrocken isser. Kommt ein bisschen schwer.“ „So genau wollte ich es gar nicht wissen“, antwortete ich. „Bitte, komm, ich schaff es nicht allein“, sagte mein Handy.

Da Trulla niemals im Leben einen Kerl mit mir teilen würde, dämmerte es mir: Sie meinte offensichtlich eine andere Flasche. „Ich habe auch noch F-F-Frikadellen da und Nudelschalat“, lockte sie mich, ich willigte schließlich ein und machte mich auf den Weg.

Trulla lagerte auf ihrer Recamiere und Stühletto stand dicht neben ihr als Tischersatz. Ich ging erstmal in die Küche. Dort bediente ich mich mit Salat und Frikadellen. Trulla hatte währenddessen ein weiteres Glas geholt. Sie war in Tränen aufgelöst. Keiner würde sie lieben, der Frühling käme nun bald wieder und niemand wäre da. Die Wiesen würden demnächst blühen und keiner läge mit ihr drauf. Die Biergärten hätten offen und keiner ginge mit ihr hin, und zum alljährlichen Flieder-Ball der Lehrer in ihrer Schule müsse sie bestimmt wieder mit dem Hausmeister tanzen, der Karl Marx für ein Reinigungsmittel à la Meister Propper hielte und bei Kultur an Briefmarkensammlungen denke.

Trulla erhob sich schwankend von der Recamiere und stellte sich vor Goethe, der von einer Wand ihrer City-Single-Wohnung auf uns herabblickte. „Wolfgang“, schniefte sie. „Mähäahänner wie dich, die ...“

Was Männer wie Wolfgang taten oder wie diese waren, ging im Ringeln meines Handys leider unter. Trulla sank auf die Recamiere zurück und streichelte Stühletto.

Am Handy war mein Freund, der mir mitteilte, dass er am nächsten Morgen nach Hause komme und eine Überraschung für mich habe. Als ich es Trulla erzählte, erlitt diese einen weitern Weinkrampf und rief: „Du wirst sehen, der macht dir einen Antrag!" Ich sagte, dass ich dies nicht glaube, denn er hatte mir erst vor zwei Tagen Rosen geschenkt. „Er ist doch so sparsam", sagte ich, „ einen Antrag hätte er sicher gleich mit den Blumen verbunden."

Trulla sagte, mir fehle jeglicher Sinn für Romantik und wahre Gefühle. Goethe, so schien es mir, schaute mich strafend an. Wir leerten gemeinsam noch eine zweite Flasche. Trulla fragte mich, wie ich denn der großen Überraschung entgegensehen würde. „Ich gehe morgen zu ihm und da werde ich was kochen!" sagte ich. „Bloß nicht", meinte Trulla. „Nix kochen, mach das nicht!"

Ich fand sie ein bisschen gemein, denn ich wusste ja, was sie meinte. Ich hatte mal einen Mann mit Kochkünsten becircen wollen. Am liebsten mach ich ja Aufläufe, weil ich es mit drei Töpfen und drei Flammen, auf denen drei Gerichte rechtzeitig gar werden müssen, immer so schwierig finde. In den Auflauf kann man alles reinpfeffern und ihn später immer noch abändern oder variieren. Teile, die nichts geworden sind, kann man beispielsweise rausfischen und durch etwas anderes ersetzen.

Trulla spielte offensichtlich auf das Couscous Brigitte an, welches ich dem Manne damals vorgesetzt hatte. Er hatte mit Schweißausbrüchen und Hautausschlag auf den Hirseauflauf reagiert. Trulla kannte den Mann, es war Dieter, der sonst alles aß und vertrug.

Ich sagte Trulla, ich würde nichts kochen und wankte dann heimwärts, der Wein machte sich auch bei mir sehr bemerkbar.

Am nächsten Tag fuhr ich zu meinem Freund. Ich saß gerade im Garten und las ein Buch, als mein Handy ringelte. Er war es, er sei schon auf dem Weg und die Überraschung läge im Kofferraum. Wenig später hörte ich den Wagen vorm Haus.

Mein Freund hievte zunächst das Mardermordwerkzeug in den Flur und kam dann mit einer Tasche und einem schwarzen Plastiksack wieder. Die Tasche stellte er neben der Treppe ab und mit dem Sack kam er zu mir in den Garten. Es sei ganz einzigartig, meinte er und zeigte auf den Sack, so was hätte ich sicher noch nie gesehen. Einen Heiratsantrag konnte ich mir schlecht in einem Plastiksack deponiert vorstellen. Eher ein Brautkleid. „Ist es weiß?“, fragte ich. Er lachte. Nein, es sei eher dunkel. „So bräunlich.“

Unbehagen beschlich mich. Ich setzte mich und fragte, wo er es denn herhabe. „Vom Verandafenster!“, sagte er. „Lag dort – ganz still und unschuldig! Aber ich – ha! – Leiter genommen und hoch! Der andere muss noch auf dem Dachboden sein! Aber der hier – vermutlich vor Angst krepiert, als er mich kommen sah, ha! Willst du ihn nicht sehen?“

Mir schwante Grauenhaftes. Ich tastete nach einem Gartenstuhl, sank hinein und schlug die Hände vors Gesicht. „Ich will ihn nie sehen, niemals, nein, nein, nein!“, schrie ich. „Es ist doch ein ganz Kleiner!“, rief mein Freund. „Und er ist schon richtig ausgetrocknet, fast mumifiziert.“ Mein Handy ringelte.

Ich zog mich mit ihm in den hinteren Teil des Gartens zurück. „Er hat einen toten Marder mitgebracht!“, rief ich in den Hörer, denn es war Trulla. Mit der anderen Hand machte ich wilde Abwehrbewegungen in Richtung Gartentisch. Diese beobachteten mehrere Nachbarn und versammelten sich vor der Gartenpforte.

Trulla bot mir spontan ihr Bett für eine Nacht an. „Es ist doch nur ein Marder!“, rief mein Freund, als ich mit erhobenem Handy auf ihn zukam. „Lass ihn drin, lass ihn bloß drin!“, brüllte ich aus Leibeskräften. „Wehe, du zeigst ihn mir!“

Von links schob ein weiterer Nachbar seinen Kopf durch die Büsche. Ob wir hier eine Orgie feiern oder gar Tantra machen würde. Ob er mitmachen dürfe? Mein Freund stiefelte auf ihn zu und rief, er wolle ihm was ganz Tolles zeigen. Ich floh zu Trulla.

Sie kochte mir einen Kamillentee. Ich weinte. Ja, ich hatte es damals interessant gefunden, als unsere Bio-Lehrerin eine tote Katze mitgebracht und ausgeschlachtet hatte. Aber danach hatte ich über fünf Jahre keine Spaghetti mehr essen können.

Mein Handy ringelte – es war mein Freund. Er hatte den Marder beim Nachbarn gelassen. Er sagte, es tue ihm leid. Ob er mich abholen solle? Und wo ich denn sei?

Ich knallte das Handy gegen die Wand. Es traf Goethe, der sich von seinem Nagel löste und auf Stühletto hernieder krachte. Stühletto ging in die Knie und brach sich ein Bein. Der Rahmen vom Goethe hatte mich ganz schön am Kopf getroffen. Trulla hatte jedoch nur Augen für Stühletto, neben dem sie schluchzend kniete.

Goethe sah mich unter den Scherben vom Fußboden her sehr fies an. Mein Handy, das den Sturz offensichtlich besser als der Altmeister deutscher Dichtung überstanden hatte, ringelte. Es war mein Freund. Ich solle nun endlich mit dem Unsinn aufhören, sprach er. Trullas Jaulen war nicht zu überhören. „Mein Stuhl!“, schluchzte sie immer wieder. Ich erklärte meinem Freund, dass Trulla Stuhlprobleme, ich aber eine sehr gute Haftpflichtversicherung habe.

Als er hörte, dass ich bei Trulla sei, wurde er energisch. „Ich hole dich sofort dort ab!", rief er.

Trulla hatte sich mittlerweile erhoben, um eine Kerze für Stühletto anzuzünden. Ich schlich mich aus der Wohnung und eilte treppab.

Im Auto erklärte mein Freund mir, dass er den Marder eigentlich gerne hätte ausstopfen wollen. „Nur über meine Leiche!", schrie ich.

Er sagte erschrocken, er habe es sich anders überlegt und wolle ihn nun im Garten bestatten.

Bei meinem Freund angekommen, legte ich mich aufs Sofa und kühlte die Beule an meinem Kopf, die Goethe mir geschlagen hatte. Mein Freund grub währenddessen ein Loch im Garten, umstanden von neugierigen Nachbarskindern, die das ganze „cool" fanden.

Mein Handy ringelte. Es war Trulla. Sie klang begeistert. Wegen Stühletto hatte sie ihren Zahnarzt angerufen, den frisch Geschiedenen, den von ihrem Geburtstag, der sich auch so für Antiquitäten begeistere, aber Stühletto damals nicht habe verkaufen könne, zum Glück, sagte Trulla, denn der Stuhl sei ihr so ans Herz gewachsen.

Der Zahnarzt wollte Stühletto schienen und Goethe rahmen und zwar in einer halben Stunde und hinterher wollten sie sich noch ein Violinkonzert im Park anhören. „Ach, ich bin dir ja so dankbar!", rief Trulla.

Nach Beendigung des Gesprächs hörte ich die Nachbarskinder im Garten singen und sah, wie sie Blumen auf einen Erdhügel streuten. Die Beerdigung schien in ihre letzte Phase eingetreten zu sein.

Nachklapp

Trullas Zahnarzt hat Stühletto wieder hinbekommen. Goethe hängt auch wieder. Leider kam ihr der Zahnarzt noch nicht so nahe, wie sie wollte. Trulla bat mich daher, ein bisschen was an ihren antiken Schreibtisch zu zerhauen.

Ich werde mein Bestes tun.

Trulla pflanzt den Frühling

Der Frühling ist wieder mal da, zumindest dem Kalender nach. Trullas Katze haart noch mehr als sonst und sie selber sucht dringlicher denn je einen Partner.

Meine Wohnung ziert außen ein kleiner Balkon nach hinten raus. Dieser hat einen blauen Boden, auf dem ein Stück grünen Kunstrasens liegt, weil das Blau, von mir selber gestrichen, irgendwann in mehreren Schichten abgeblättert ist. Ansonsten lagen bis gestern auf dem Balkon noch die Überbleibsel der Weihnachtsdekoration. Ich habe lange überlegt, ob ich sie bis zum nächsten Weihnachtsfeste dort liegen lassen soll und hatte mich schon fast dafür entschieden, als mein Sohn mich eines Besseren belehrte: „So kann man auf dem Balkon keinen Bierkasten mehr kaltstellen", sagte er. Diesem Argument konnte ich mich nicht verschließen.

Am Montag nun schien die Sonne. Laut Wetterbericht sollte sie dieses noch bis zum Mittag tun. Also stand meinem Vorhaben, den Balkon in den Frühling zu schicken, nichts mehr im Wege.

Ich eilte zunächst in den Baumarkt, der auch eine Abteilung für Balkon- und andere Pflanzen hat. Die anderen Pflanzen, hohe Sträucher in Grün und mittlere Stauden auch in Grün, gefielen mir eigentlich fast besser als die Mickerblumen, die dort für Balkonkästen angeboten wurden. Ich belud mein Wägelchen also mit ein paar von diesen interessanten Gewächsen und fragte dann einen Mitarbeiter, wo es Halterungen für Balkonkästen gäbe.

Er schaute kurz in meinen Wagen: „Das da können sie aber nicht in einen Kasten pflanzen! Haben Sie einen Garten oder eine Terrasse?“ Ich berichtete, dass ich einen Balkon in Bierkastengröße hätte. „Ja“, meinte er und warf mir einen mitleidigen Blick zu. „Meine Frau meint auch immer, sie könne den großen Wohnzimmerteppich in der Waschmaschine waschen.“

„Da hab ich einen Tipp für“, schrie ich aufgeregt. „Ich hatte genau das Problem mal vor drei Jahren gehabt, als ich eine Schale Kartoffelsalat auf dem Teppich verschüttet hatte. Ich habe den Teppich einfach in drei Teile geschnitten, weil er sehr groß war. Die habe ich nacheinander in der Waschmaschine gewaschen, wodurch sie sehr klein wurden, weil sie einliefen. Ich habe dadurch schöne Bett-und Badvorleger gewonnen und hatte auch einen guten Grund, einen neuen Teppich für das Wohnzimmer zu erwerben.“

Der Baumarkt-Herr schaute mich noch mehr an und erklärte, er würde diese oder ähnliche Tricks keineswegs an seine Frau weitergeben, und empfahl mir nochmals, die Büsche und Stauden wieder auszuladen. „Sie können sie natürlich in Kübel pflanzen und auf die Terrasse stellen“, empfahl er mir. „Oder haben sie eine so breite Balkonbrüstung?

Und wie wollen Sie die Töpfe denn dort sicher befestigen? Denn in Balkonkästen mit Halterungen können sie diese nicht tun!"

Ich strahlte! Nun war ich in meinem Element. Glücklich berichtete ich ihm von meinen mehr oder weniger erfolgreichen Versuchen schon in früheren Zeiten, Töpfe mittels einer von mir erfundenen Konstruktion aus haltbaren Strippen (Wäscheleinen gehen super, Bindfäden und/oder Baumwollgarn hat sich nur als bedingt tauglich erwiesen) in Verbindung mit Stäben und Stöckchen vorm Hinabstürzen zu bewahren.

Der Baumarktmann wurde etwas blässlich um die Nase. Ja, er konnte wohl nicht glauben, dass eine Frau ein solches handwerkliches Erfindungsgeschick an den Tag legt! Er fragte, ob denn schon mal was runtergefallen sei. Diese Frage musste ich wahrheitsgemäß mit Ja beantworten, denn mit Ausnahme meines Sohnes, meiner Katze und mir ist schon so viel von unserer Balkonbrüstung gestürzt, dass unsere Nachbarn den Garten darunter nur noch dann benutzen, wenn oben bei uns nix mehr steht. Ich arbeite jedoch nach wie vor an der hinabfallsicheren Befestigung.

Der Baumarktmann hatte sich mittlerweile kopfschüttelnd von mir abgewandt und wollte gehen. Aber er drehte sich noch einmal um und fragte, wo ich denn wohnen täte. „Klar", dachte ich, „er will sich meine Befestigung ansehen! Vielleicht wollte er sie und mich den Kunden weiterempfehlen!" Also nannte ich ihm die Straße, wo ich wohne. „Gut", sagte er aufatmend. „Dann weiß ich, wo ich nie, nie hinziehen werde."

Das Klatschen eines Regentropfens mitten in mein empörtes Gesicht erhob mich jeglicher Antwort. Ich blickte zum Himmel auf. Dieser hatte sich grau bezogen und es begann, heftig zu regnen. Ich lud meine Bäume und Büsche wieder aus. Pflanzen würde ich heute sowieso nicht mehr können.

Als ich zuhause angelangt war, strahlte die Sonne wieder vom Himmel herab. Ich ging auf meinen Balkon und beschloss, ihn erst einmal gründlich aufzuräumen und zu säubern, bevor ich über neue Konstruktionen nachsann.

Mitten in dieser Tätigkeit jedoch ringelte mein Telefon, es war Trulla. Sie wollte mich fragen, ob ich mit ihr zum Baumarkt fahren würde, sie wollte Pflanzen kaufen. Trullas Balkon ist noch kleiner als meiner. Auf ihrer Brüstung stehen ungesichert zahlreiche Töpfe mit Kübelpflanzen. Unten auf der Straße parkt von Mai bis September ein Polizeiauto, aber bei Trulla ist noch nie was vom Balkon gefallen außer einem Rotweinglas, als es schon leer war, und das wurde, soviel ich weiß, geworfen.

Ich sagte Trulla, dass ich gerne mit ihr zum Baumarkt fahren würde. Dort trafen wir in der Gartenabteilung den Mitarbeiter von vorhin. Ehe er panisch die Flucht ergreifen konnte, hatte Trulla ihn gestellt, um nach Kübelpflanzen zu fragen.

Nachklapp

Trulla hat übrigens ihren Balkon mithilfe eines seefahrenden Offiziers bestückt. Dieser kam zu ihr, um für den Hilfsfond der schiffbrüchigen Nordseeopfer zu sammeln. Der Balkon weckte, so erzählte Trulla mir, in ihm alte Erinnerungen an seine Fahrt auf einem Segel-Schulschiff, als er hoch oben im Mastkorb saß. Ich fragte, ob er Labskaus dagelassen habe, das ist meiner Meinung nach das einzig Vernünftige, was diese Typen zustande bekommen.

Trulla verneinte es. Sie habe ich ihm aber einen steifen Grog gemacht, weil es auf dem Balkon ein bisschen zugig und kalt gewesen wäre.

Am letzten Mittwoch erhielt ich eine Einladung zu einer ehrenhaften Preisverleihung an einen bildenden Künstler unserer Gerne-Großstadt.

Sie sollte „Bei Kahlmann" stattfinden, einer Kunst- und Kulturkneipe, die dem Dr. Kahlmann gehört. Der war mal Literaturwissenschaftler, aber er hat vor ein paar Jahren dem Lehrstuhl seinen promovierten Allerwertesten zugekehrt und macht nun mehr in Geist, der aus dem Wein kommt. „Bei Kahlmann" trifft sich auch einmal pro Woche der Kahlmann-Kreis, wo bestimmt wird, welcher Autor da lesen, welcher Musiker in die Tasten hauen und ob ein Künstler seine Werke an die Wände hängen darf. Obwohl da nicht mehr ganz so viel Platz ist, denn da hängen schon sehr viele Bilder, auf denen der Kahlmann abfotografiert oder gemalt worden ist.

Auf einem liegt er da wie der Goethe und hat auch so 'nen Hut auf und ein Rotweinglas in der Hand.

Ich hatte da also eine Einladungskarte bekommen und durfte auch einen Gast mitbringen. Da ich wusste, dass der Kahlmann seit einiger Zeit solo ist, ringelte ich bei Trulla an, um sie zu fragen, ob sie mich nicht begleiten wolle. Mein Freund, das wusste ich, würde nicht mitkommen wollen. Er hatte mal von Kahlmann seinem Käsesalat gegessen, und der war ihm schlecht bekommen. Kahlmann selber bekam ihm übrigens auch nicht so gut.

Trulla keuchte und schluchzte erst ein wenig, und dann meinte sie, das sei eine sehr gute Idee. Vor allem sei es gut für mich, in ihrer hochintellektuell-akademischen, aber dennoch spirituellen Begleitung gesehen zu werden.

Ich seufzte, denn ich wusste genau, worauf Trulla da anspielte: Vor einiger Zeit hatte es bei Kahlmann mal Frei-Wein gegeben und es hatte einer vorgelesen, der hieß

Manfred A. Axtmann. Er las aus seinem im Eigenverlag veröffentlichten Roman „Die Axt im Walde", und er durfte das, weil der Roman in studierten Kreisen stattfand und der Axtmann außerdem mal Student beim Dr. Kahlmann gewesen war. Den Frei-Wein gab es, damit die Zuhörer durchhielten. Ich hatte an dem Abend das Zöppel vom Axtmann in ein Glas davon getaucht. Das Glas hatte ich dann meistbietend versteigern wollen, aber der Kahlmann hat es leer getrunken, bevor ich dazu kam. Dann hat ihm einer gesteckt, was ich reingetunkt hatte und anstatt sich zu freuen, war er sehr sauer geworden und ich wurde erst mal nicht mehr eingeladen.

Als Trulla und ich ankamen, war schon alles rappelvoll. Wir ergatterten einen Platz hinter einer Säule, direkt neben dem Tisch vom Kahlmann-Kreis. Der Kahlmann fing mit einer Rede an, bei der er erst sich vorstellte und dann einen, der Dr. Dr. Mehlmann hieß und der seinerseits den Künstler vorstellen würde. Der Künstler hieß Norbert P. Schrottmann und ich fragte mich gerade, ob hier alles, was auftreten oder sich aufhängen durfte, mit Mann aufhörte, als Kahlmann seinen Goethe-Hut aufsetzte. Trulla neben mir kam ins Keuchen, reckte den Kopf vor die Säule und ächzte: „Oh, mein Gott!“ Ich sagte ihr leise, dass das da immer noch der alte Kahlmann sei, aber sie keuchte weiter.

Nun kam der Mehlmann und erzählte ungefähr zehn Minuten lang etwas von der farbenreichen Symbolik der Binnenseele des Preisträgers in Verbindung zur analen Anapher.

Dann kam wieder der Kahlmann und sagte, es wäre doch besonders schön, dass die Kahlmann-Gruppe dieses Jahr einen Künstler ausgewählt hätte, der nicht zu den Großen gehöre, sondern seinen kleinen Pinsel tapfer im Kolorit der Heimatstadt schwingen täte. Auch solche Künstler, sagte der Kahlmann, hätten ihre Daseinsberechtigung, dürften gegrüßt, gekauft und geehrt werden.

Man wolle nun zur Preisverleihung schreiten. Da aber hob ich die Hand und meldete mich. Trulla zog zischend meine Hand wieder runter. Da meldete ich mit der anderen, in der ich mein Rotweinglas hielt, stand auf und fragte bescheiden, ob ich eine Auskunft erhalten dürfe. Der Kahlmann sagte ja und ich sagte, ich hätte eben gelernt, dass es Ober- und Unterkünstler gäbe und würde nun gerne wissen, wie es denn mit Mittelkünstlern bestellt sei und wie man die drei Gruppen denn unterscheiden könne. Ob es da Punkte wie beim Grand Prix gäbe. Und ob die sich immer verstehen würden, also die aus der Ober- mit denen aus der Unterliga. Sonst, so schlug ich vor, könnte man doch rote und gelbe Karten verteilen, wie beim Fußball.

Oder als Abkürzungen für Ober und Unter Os und Us unter die Bilder hängen. Und die Künstler, welche in allen drei Gruppen mitmalen dürften, die hießen dann OMU. Der Kahlmann war während meiner Frage sehr rot unter dem Goethe-Hut geworden. Neben mir zischte Trulla. Sie hatte ihr Handy in der Hand und sprach leise hinein.

Eine nette Frau am Nachbartisch fragte, ob sie mir einen ausgeben dürfe, von ihr aus auch gerne eine ganze Flasche. Ich strahlte und ließ mir eine große Rote kommen.

Mittlerweile hatte der Kahlmann den Preis auf die Bühne geholt. Es war eine Plastik, die den Kahlmann und den Mehlmann auf einem Fasse sitzend darstellte. Darunter stand in Gold: „Doppelmann, den Genius reitend." Der Künstler weinte, als er den Preis erhielt. Ich schlug ihm vor, das Teil bei E-Bay zu verkloppen, da würde er sicher was für kriegen.

Dazwischen becherte ich lustig meinen Wein und schaute mir an, was nun noch kam. Es war eine eigens aus der Hauptstadt der Republik angekarrte Dichterin, die den Künstlernamen Mascha Melone hatte. Während ihres Vortrages beobachtete ich den Kahlmann und den Mehlmann und mir wurde klar, weshalb die Melonin hier lesen durfte: Beide waren offensichtlich sehr scharf auf sie.

Der Mehlmann geleitete sie an der Hand die Bühne runter und der Kahlmann rückte ihr den Stuhl zurecht, dabei stießen beide mit den Köpfen zusammen.

Ich hatte meine Flasche gerade fast leer und war selber ziemlich voll, da sah ich plötzlich meinen Freund hinter der Säule auftauchen und schnurstracks auf mich zueilen. Ich fragte, wo er denn herkomme und er sagte, die Trulla habe ihn angeringelt, ich sei hier am mich vollaufen lassen und dummes Zeug reden.

Er zog mich aus der Kneipe, stopfte mich ins Auto und fuhr mich heim. Ich schrie die ganze Zeit über „Hussa!“ und „Ho!“, weil mir war, als ob ich auf dem Weinfasse reiten würde.

Nachklapp

Am nächsten Morgen, der zum Glück ein Sonnabend war, erwachte ich mit tierischen Kopfschmerzen. Gegen Mittag, als ich mich bereits wieder vorsichtig aufrichten konnte, ringelte Trulla mich an. Mein Photo wäre neben einem Artikel über Kahl- und Mehlmann in der örtlichen Presse.

Und ich sei eine „provokativ-fragende Kulturinsiderin“ genannt worden. Trulla verzieh mir nur, weil sie auch mit auf dem Photo zu sehen war.

Trulla gibt ab

An einem nasskalten Februarnachmittag ereilte mich ein alarmiertes Ringeln meiner Freundin Trulla. „Jetzt ist es soweit", hörte ich ihre erregt schnaufende Stimme an meinem rechten Ohr. „Jetzt geht es los."

Ich hatte gerade die Nachrichten gehört, meinte aber, kein Ereignis von weltweiter Wichtigkeit versäumt zu haben. „Jetzt geht was los?", fragte ich also relativ unwissend weiter. „Ich habe es beschlossen", sprach Trulla weiter. „Was beschlossen?", wollte ich wissen.

Trullas Schnaufen erklang genervt, und sie teilte mir mit, dass sie sich zu einer „letztgültigen, radikalen und allumfassenden Diät" entschlossen habe. Auch den Grund für diese erfuhr ich: „Der Sommer naht!"

„Bei mir regnet es", sagte ich. Trulla erklärte mir, dass mir jede Form von planendem Optimismus total abgehe. Der Sommer habe sich bei ihr bereits durch einen starken Anstieg der Sehnsucht nach Liebe, Wärme und Geborgenheit angekündigt. Und daher wolle sie aktiv ihren Körper von Ballaststoffen befreien – sowie von der schützenden Hülle, die sie sich in den Jahren graumelierter Einsamkeit um Herz und Seele angelegt hatte. Und dazu brauche sie mich. Ich solle sie umgehend aufsuchen, bevor es zu spät sei.

Es klang unheil- aber auch geheimnisvoll. Ich willigte ein, mich alsbald auf den Weg in ihre City-Single-Wohnung zu machen. Unterwegs traf ich Gisi, die ihren neuen Lackmantel ausführte, ein Schnäppchen aus dem saisonalen Ausverkauf. Sie entschloss sich sofort, mich zu Trulla zu begleiten.

Bei dieser angekommen, erklommen wir die Treppen in den fünften Stock. Trulla führte uns ins Wohnzimmer und teilte uns mit, dass es auch „locker für zwei" reichen würde.

Dann wurden wir in Trullas Küche gebeten. Der Tisch quoll über von Wurst, Schinken, Käse, Brot, Butter, Konservendosen, Tüten und Tütchen, Schokolade, Kuchen, Keksen, Pralinées und Sahnebonbons.

„Nehmt alles mit, bevor es verfällt!", sprach Trulla mit einer einladenden Armbewegung.
Gisi tippte sich spontan an die Stirn. Sie denke gar nicht dran, ihre Küche mit kalorienreichen Fressfallen zu bestücken, da sie gerade sechs Kilo abgenommen habe. Sie grabschte nach einer Tütensuppe. „Die ist kalorienreduziert und schmeckt nach nix. Die nehm ich mit, wenn ich mal 'nen Fressanfall kriege. Haste noch Süßstoff da? Den kannste mir auch mitgeben." Trulla verneinte und Gisi schnappte sich ihren neuen Mantel.

Trulla hub ein lautes Jammern an. Die schönen Lebensmittel würden durch grobe Undankbarkeit einer Frau, der sie schon oft unter die Arme und Beine gegriffen hätte, verderben, verschimmeln, verfaulen, verfallen.

Gisi jedoch hatte bereits die Wohnung verlassen. Trulla ging ins Wohnzimmer und zeigte anklagend auf Stühletto. „Ich trau mich kaum mehr drauf“, jammerte sie und ich meinte, da könne der arme Dünnbeiner aber nix für. Trulla führte mich ins Bad, um mir stolz ihre neue Errungenschaft zu präsentieren, eine Waage, welche Übergewicht, Normalgewicht, Idealgewicht, Knochenstärke und Wasserhaushalt anzeige. Meine Frage, ob die Waage auch Fett absauge, ignorierte Trulla und ging in die Küche, um die Lebensmittel für mich einzupacken.

„Wir haben alle unsere Träume, Wünsche und Hoffnungen“, rief Trulla aus, während Wurst, Käse, Schoko und Kuchen in Tupperschalen und Plastiktüten verschwanden. „Da hab ich doch Recht, oder?“ Hatte sie. „Ich wünsche mir ja auch seit einigen Jahren ein ansehnliches Bankkonto, buntgepunktete Gummistiefel und einen Mann, der mich in Weiß vor den Traualtar geleitet“, sagte ich zu Trulla. Diese meinte nur, dass sie zu einem Brautkleid keine Gummistiefel tragen würde.

Ich verzichtete darauf, ihr die Kombination meiner Wünsche näher zu erklären und versuchte, sie davon abzuhalten, mir fünfzehn Thunfischdosen einzupacken, egal, was für eine Traumfigur sie sich wünschte. Ich handelte mit Trulla die Anzahl der Dosen auf vier herunter und belud ihren Hackenporsche mit den Waren.

Zuhause dachte ich, dass ich nun sicher ein halbes Jahr lang nicht mehr einzukaufen brauche. Die Katze erhielt Schinkenwürfel, Salamizipfel und Thunfisch, wobei letzterer ihr und meinem Flurteppich schlecht bekam.

Von meiner Freundin hörte ich geschlagene drei Tage lang nichts. In dieser Zeit aß ich in der Küche, im Bett, unter der

Dusche, beim Lesen und Fernsehen sowieso. Irgendwann, so sinnierte ich gerade, würde ich auch so eine Radikalabspeckerei brauchen, außerdem machte ich mir ernste Sorgen um meine Haltbarkeit, als mein Telefon ringelte.

„900 Gramm", kreischte mir Trullas Stimme entgegen. „Ich hab bereits 900 Gramm abgenommen." „Die sich mittlerweile dekorativ um meine Hüften legen", schmollte ich ihr entgegen. Trulla lachte fröhlich. Was ich offenbar brauche, sei Disziplin bei der Nahrungsaufnahme. Ich glotzte vom Telefon aus in die Küche. Die leicht verderblichen Waren hatte ich mittlerweile geschafft. Der Rest stapelte sich einer kalorienbombigen Mauer gleich durch den halben Raum, denn ich besitze keine Speisekammer.

Ich fragte Trulla, ob sie noch mehr frohe Botschaften für mich habe. „Oh ja", zwitscherte sie.

Heute habe sie von einer Kollegin, welche sich der buddhistischen Zen-Fasterei ergeben habe, drei Großpackungen Schokoladengebäck und diverse andere salzige Knabbereien erhalten. Die seien noch im Auto. Ob sie gleich mal damit bei mir vorbeikommen könne?

„Nein!", ächzte ich in den Hörer. „Nein, nein, nein, nein!!" schrie ich dann. Trulla lachte wieder glockenhell und meinte, ich könne das Zeug doch an meinem nächsten Geburtstag den Gästen auftischen, dass sei immer noch besser, als wenn ich kochen täte. Trulla hatte offenbar ihren charmanten Tag.

Einen Tag später stand, als ich abends nach Hause kam, tatsächlich eine Riesentüte vor meiner Tür. Inhalt: Süß- und Salzkram. Ich schleppte das Zeug in den Keller und sann auf Rache. Mir fiel aber nichts ein – bis, ja bis ich Martin traf, einen alten Kumpel aus der Zeit, als eine nicht-diätetische Trulla noch mit mir um die Häuser und durch die Kneipen zog. Martin lud mich auf ein Bier ein und fragte dann, wie es denn Trulla ginge, der großen, gutgebauten mit den üppigen Hüften, dem einladenden Vorbau, den strammen Waden und dem absolut nicht asketischen Bäuchlein. Martin, so offenbarte er mir weiter, hatte sich gerade von seiner langjährigen Verlobten Jacqueline getrennt.

Ich horchte auf. „Trulla? Ach, der geht's prima!", sagte ich. „Und immer noch solo?", wollte Martin wissen und knickte nervös einen Bierfilz. „Immer noch solo", nickte ich und grinste in mich hinein. „Das kann sich natürlich schnell ändern, bei einem Rasseweib wie unserer Trulla", fügte ich dann noch rasch hinzu. Martin nickte und hatte es auf einmal sehr, sehr eilig. Ob ich zahlen könne, fragte er und warf im Aufspringen einen Geldschein auf den Tisch. Ich trank mein Bier aus, zahlte und wanderte heimwärts.

Mitten in der Nacht ringelte mich das Telefon wach. „Ich bin zu dünn", schluchzte mir eine verzweifelte Trulla in den Hörer. „Der Martin, weißt du ..." „Bierbauch-Martin oder Eso-Martin?" wollte ich der Genauigkeit halber und weil ich zwei von der Sorte kannte, wissen.

„Der gutbepackte", schluchzte Trulla. „Und er findet, ich sehe regelrecht abgehungert aus. Dabei habe ich doch erst vier Kilo runter ..." Also Bierbauch-Martin, und meine Rechnung schien aufzugehn. „Ich will meine Schokolade wiederhaben, den Thunfisch und vor allem die Nuuu-huuu-gahat-pralinen", heulte Trulla. „Vom Thunfisch fehlt eine Dose", sagte ich, „aber der Rest – gerne, gerne!"

Am nächsten Vormittag (es war ein Sonntag) hackenporschte ich zu Trulla. Sie war gerade am Sachertorte-Backen, denn Martin wurde zum Nachmittagskaffee erwartet. Ich schob den Porsche in die Küche und half Trulla beim Einräumen der Genussmittel in die Speisekammer. Auf dem

Nachhauseweg überlegte ich, dass bei mir auch mal wieder eine Diät fällig war, einiges musste da dringend runter!

Nachklapp

Am nächsten Tag stand mein Freund mit drei Kühltaschen voller Lebensmittel vor meiner Tür.

„Der Kühlschrank ist kaputt", stöhnte er. „Total hin, aber ich brauche sowieso einen neuen. Hier sind ein paar leichtverderbliche Lebensmittel. Guten Appetit damit, iss, iss, iss alles recht schnell auf, das Verfallsdatum der meisten Sachen ist bald abgelaufen!"

Trulla will sein bestes Stück

Trullas Schwester Iris hat sich einen Powermann geholt. Genauso wie Trulla war Iris lange auf der Suche nach einem akademischen Mannsbild, das auch noch Vaterstelle für die drei Töchter von Iris vertreten sollte. Aber nun ist Iris an einen kräftigem, gut gebauten Starkstromelektriker geraten.

Trulla ringelte mich an und zischte mich voll über die Eigenschaften dieses Mr. Wunderbar: muskulöse Oberarme, Vollbart, Grübchen im Kinn, Waschbrettbauch unter behaarter Brust, kräftige Waden und eine sehr mannhafte Ausstrahlung, dazu noch ein Tattoo auf dem linken Oberarm. Er sei – hier bebte Trullas Stimme vor verhaltener Erregung – sogar schon mal im Knast gewesen, für drei Tage.

Ich war platt und stellte mir einen solchen Kerl auf Stühletto oder der Recamiere vor, unter Goethe natürlich. Außerdem fragte ich Trulla, was denn aus ihrer Leidenschaft für Akademiker geworden wäre. Trulla meinte, einmal im Leben wolle sie so einen nicht studierten Pfundskerl mal ausprobieren, mit Rückgaberecht. Sie habe sich schon ein paar Stunden lang auf eine Raststätte und eine Tankstelle gestellt, in der Hoffnung, die Aufmerksamkeit eines kräftigen Truckerfahrers auf sich zu ziehen. Das einzige, was sie nun habe, sei eine Erkältung, und ihr Big-Angel-Kostüm müsse wegen Staub und Abgase in die Reinigung.

Ich dachte nach. Ich hatte Trulla ja vor einigen Tagen zwecks Männerfang den Besuch einer urologischen Praxis vorgeschlagen. Als ich das letzte Mal da war, kamen 18 Männer auf eine Frau. Gut gebaute Truckerfahrer waren jedoch nicht darunter gewesen. Doch da kam mir eine zündende Idee. Ich musste dringend ein paar alte Stühle und eine olle Matratze zum Recyclinghof bringen.

Ich sagte Trulla dies und fragte, ob sie mich und den Sperrmüll dorthin fahren könne. Da seien sicher auch ein paar kräftige Mannsbilder ganz nach ihrem veränderten Gusto anzutreffen. Trulla keuchte. Sie wolle keinen wiederverwertbaren Restemann, von dem sich andere Weiber schon das Beste von weggeholt hätten, schrie sie. Sie wolle Neuware. Knackig, frisch, unverdorben.

Ich dachte fieberhaft nach, bis mir die rettende Lösung kam. In eine von Trullas Schreipausen sagte ich, sie solle mal ganz ruhig nachdenken. Was würde man denn auf den Recyclinghof bringen? Genau! Alte Möbel zum Beispiel, oder Hausrat, von dem man sich trennen wolle, um einen Neustart zu beginnen.

Trulla könne sich also ziemlich sicher sein, dort nicht nur kräftig zupackende Männer zu finden, sondern auch solche, die bereit seien, sich in einen neuen Lebensabschnitt zu stürzen und quasi nur noch darauf warteten, eine Frau wie

Trulla mit nach Hause zu nehmen, nachdem sie die Altlasten losgeworden seien. Das leuchtete Trulla ein. Es leuchtete ihr sogar so sehr ein, dass sie eine Viertelstunde später bei mir auf dem Hof stand, bereit zum Einladen und Abdüsen. Gemeinsam beluden wir den Kofferraum mit meinen Möbeln und fuhren los.

Der Recyclinghof döste in mittäglicher Hitze. Kein Mann weit und breit außer dem Pförtner, und der war über sechzig und spillerig. Ich schleppte meine alten Stühle und die Matratze zu den Containern, derweil Trulla an der Motorhaube lehnte und sich suchend umsah. Immerhin war ich meinen Müll losgeworden, was wollte ich mehr?

Gerade als Trulla einsteigen wollte, kam ein Mann auf den Hof. Er war circa einfünfzig und ziemlich dickwülstig, vor allem um den Bauch herum. Trulla jedoch keuchte ekstatisch und stürzte sich aus dem Auto. „Den will ich“, schrie sie und rannte auf den kleinen Dicken zu. Ich schloss die Augen. Nie hätte ich gedacht, dass Trulla es so, so, so nötig hätte.

„Das ist er“, brüllte Trulla und es sah aus, als würde sie den Mann bespringen wollen. Ich rannte auf die beiden zu, und sah nun, dass Trulla an einem Gegenstand zerrte, den der Mann in den Händen trug, und den ich vorhin nicht so richtig wahrgenommen hätte. „Bitte, bitte“, keuchte Trulla. „Geben Sie's mir, ich brauchs, ich brauchs so sehr!“ Der Mann hielt krampfhaft ein kleines Tischchen umklammert. „Ey, det war mal mein bestes Stück“, protestierte er. „Immer langsam, Lady!“

Trulla warf sich ihm erneut entgegen und hechelte: „Sie machen mich zur glücklichsten Frau der Welt, wenn Sie es mir geben!“

Der Mann stellte das Tischchen ab, das klein, ehemals golden, dünnbeinig und sehr hässlich war. Trulla sank neben dem Tischchen in den Staub. Der Mann glotzte mich an. „Sie will es offensichtlich für Stühletto haben!", erklärte ich ihm. „Sie steht auf so was! Geben Sie es ihr doch, dann ist Ruhe." Der Mann erklärte, er habe das olle Ding, das vor Jahren mal sein Schlafgemach geziert hätte, eigentlich wegwerfen wollen, „Nein, nein!", schrie Trulla und legte die Arme schützend um das Tischchen. „Es hat eine Seele! Es spricht. So hören sie doch, hören sie es denn nicht?" Der Mann sah sich um, legte eine Hand an die Stirn, tippte dann mit dem Finger dagegen und suchte das Weite.

„Du bist meins", zischte Trulla und hievte das Tischchen in den Kofferraum. Sie war so glücklich, dass sie mich zum Italiener einlud. Dort ringelte ihr Handy. Es war ihre Schwester, die ihr erzählte, dass ihr neuer Mr. Muskelpack noch einen Bruder habe und der habe morgen Geburtstag und Trulla sei auch eingeladen. Trulla nahm dies eher oberflächlich zur Kenntnis, sie schwebte immer noch im siebten Tischchenhimmel.

Zwei Tage später ringelte Trulla mich an. Der Bruder des Kraftmeiers sei ein Dr. Dr. Ing. Peter Klappstein, also sehr akademisch, dazu Asthmatiker und Vegetarier. Sie habe ihn auf einen Goetheabend eingeladen. Ich fragte sie, woher der Sinneswandel käme. Trulla keuchte schwer. Sie hatte den gutgebauten Bruder, den neuen Lover ihrer Schwester Iris also, gefragt, wie er Mozart fände. Der Bruder habe gesagt, wenn Mozart so schmecke wie Mozzarella, so lasch und undeftig, dann sei das nix für ihn. Ich hielt Trulla entgegen, sie könne eben nicht immer beides erwarten, Geist und Sixpack-Bauch.

Trulla jedoch schnitt mir das Wort ab. Sie müsse den neuen Tisch noch polieren und ihr lindgrünes Big-Angel-Kleid bügeln, habe also keine Zeit mehr für tiefschürfende Diskussionen.

Nachklapp

Trulla hat sich mit dem Neuen getroffen. Der Neue ist Anthroposoph und Vorsitzender einer Rudolf-Steiner-Gesellschaft. Er hat den goldenen Tand und den eckigen Kitsch des Tischchens sowie Stühlettos gerügt und gesagt, Trullas Engelsammlung sei ohne den Erzengel Michael nichts wert.

Dann hat er ihr einen eurythmischen Tanz vorgeführt, dabei sei er an Stühletto gestoßen und Stühletto habe sich gewehrt, indem er seinen Jackenärmel festhielt und nun sei ein Riss im Sakko. Trulla hat sich geweigert, das Sakko zu zahlen oder kunststopfen zu lassen, weil sie sagt, Stühletto würde bei ihr antiautoritär gehalten und hätte zudem das Recht zur Selbstverteidigung.

Trulla trifft Mozart

Besonders kritisch für mich und meine nähere Umgebung wird es immer, wenn Trulla sich außer auf die Jagd nach einem Kerl auch noch der Kultur verschreibt. Trulla kriegt da manchmal so Anfälle, die aber zum Glück nie länger als drei bis vier Wochen halten.

Vor einiger Zeit ist sie ja der Akademischen Partnervermittlung „Grieche sucht Griechin“ beigetreten und die machen oft kulturphilosophische Abende. Einer sollte der Einführung und Versenkung in Mozart dienen. Trulla ringelte bei mir an und bat mich, sie dorthin zu begleiten. Ich wusste nicht so recht.

„Mozart ist tot“, sagte ich zu Trulla. „Den kannste sowieso nicht mehr aufreißen!“ Trulla schnaufte empört und fragte mich, wie ich zu derartigen Äußerungen ihr gegenüber käme. Und, da sei sie sich ganz sicher, würde Mozart noch leben, dann würde er dieses Leben in ihrer City-Single-Wohnung an ihrer und Stühlettos Seite bestreiten. Sie würde ihm beim Transponieren helfen und ihm Mozartkugeln backen.

Nach einigem Hin und Her erklärte ich mich dann bereit mitzukommen, bereute es aber, als Trulla mir noch sagte, ich solle bitte was Anständiges anziehen. Nichts Kurzes. Nichts Allzubuntes. Nichts stark Dekolletiertes. Nichts zu Tailliertes. Und nichts mit einem durchgehenden Reißverschluss auf dem Rücken, weil dies nach neuesten, ihr bekannten Erkenntnissen aus der Psychologie in einem Mann den Wunsch zum sofortigen Aufziehen wecken würde.

Dass mir dann nur mein Krankenhausnachthemd überbleiben würde, schien Trulla nicht weiter zu interessieren.

Je näher der Abend kam, desto mehr bereute ich, in die Einladung eingewilligt zu haben, vor allem, da Trulla mir noch einen Link auf eine Internet-Seite mit dem Titel „Mozart für Anfänger“ schickte mit dem diskreten Hinweis, mich da hinein zu vertiefen, damit ich an dem Abend mitreden könne.

Wütend löschte ich die Mail und sah gerade, dass Marc, der unten im Haus sein Atelier hat, am Fenster stand. Ich schnappte mir ein weißes T-Shirt, sauste damit die Treppen runter, über den Hof und bat ihn, mir das Teil künstlerisch umzugestalten, für einen Mozartabend, zu dem ich leichtsinnigerweise mein Kommen zugesagt hätte.

Als Marc hörte, dass es sich um einen akademischen Single-Abend handelte, wurde er hellhörig. Wenn ich Visitenkarten von ihm mitnehmen würde und dort verteilen oder wenigstens gut sichtbar deponieren würde, würde er mir das Hemd für einen Zehner umgestalten. Er habe nämlich vor, kreative Zeichenkurse für alleinstehende Frauen abzuhalten. Fünf Anmeldungen habe er schon, fünf Plätze seien noch frei.

Die Frauen hatten ihm schon Themenvorschläge für die Malabende genannt, vertraute er mir an. Die eine wolle gerne ihre violette Weiblichkeit in lila getaucht als Leporello malen, eine andere ihren Ex auf die Leinwand bannen, aber ohne Kopf. Ich drückte Marc das T-Shirt in die Hand und zog ab.

Er brachte es mir drei Stunden später zurück, und ich entschloss mich, es mit einem schwarzen Hosenanzug zu kombinieren. „Brav", lobte Trulla mich, als sie mich sah. Sie hatte sich in eine neue Big- Angel-Kombination in Pink geworfen und trug einen Hut.

Der Abend fand in einem Vereinsheim statt, welches auch ein Klavier hatte. In dem Raum (mattgelbes Linoleum, grüne Plastikstühle, Fahnen vom letzen deutsch-türkischen Heimatabend und dem Kleingärtnerverein) tummelten sich so an die zwanzig Singelinnen und etwa sechs Singles. Vorm Klavier saß ein ausdrucksstarker, langhaariger Pianist, den Trulla begehrlich anstarrte.

Dann ging es los, dass heißt, es kam ein Vortrag über den jungen, genie- und musikgeplagten Mozart, der abwechselnd von einem Mann und einer Frau gehalten wurde. Der Klavierspieler pennte während der Rede ein und haute mit dem Kopf auf die Tasten. Auch ich kämpfte gegen eine schwerwiegende Müdigkeit an, derweil Trulla sich alle fünf Minuten den Hut vom Kopf riss und sich damit befächelte.

Nach Beendigung der Rede durfte der Klavierspieler in die Tasten hauen. Anschließend baten der Mann und die Frau jeden nach vorne, der etwas zu Mozart sagen wollte. Keiner wollte, auch Trulla nicht. Ich hatte das Gefühl, dass mich alle anstarrten. Also stand ich zögernd auf und meinte, ich sei nur Gast und ob ich trotzdem etwas von mir geben dürfe. Trulla zischte mir zu, ich solle mich bloß wieder setzen und meinen losen Mund halten, dazu hätte sie mich nicht mitgenommen. Ich zischte zurück, dass das hier kein Stummfilm sei und enterte die Bühne.

Trulla warf ihren Hut nach mir und wogte vor Wut, aber ich stellte mich locker neben das Klavier, sagte, ich fände den Wolferl ganz klasse und dann sagte ich noch ein bisschen was vom Nannerl und dem Vaterl und der Mutterl und dem Wolfgangsee und dann sagte ich, ich sei schon immer ein Fan vom Amadeus gewesen und hätte daher mein Fan-T-Shirt angezogen.

Ich knöpfte mein Jackett auf.

Marc hatte sein Bestes gegeben. „Das sind Mozartkugeln" stand in Rot und Gold auf dem Shirt und darunter hatte er die Anfangstakte vom türkischen Marsch in Noten gemalt. Der Pianist begann vor Begeisterung erneut zu spielen und ich wogte dazu mit den Kugeln, was das Zeugs hielt.

Nachklapp

Marc kann sich vor Nachfragen nicht mehr retten. Siebzehn Frauen haben die Kugeln schon bei ihm bestellt. Er sagt, wenn ihm das im Mozartjahr eingefallen wäre, dann wäre er jetzt ein reicher Mann. Aber er ist auch so sehr zufrieden mit dem Auftragsboom.

Trulla spricht auch wieder mit mir, denn ich habe den Pianisten, der mir noch an dem Abend eine von ihm komponierte Oper auf die Haut schreiben wollte, an Trulla abgetreten. Erstens hab ich schon einen Mann. Und zweitens ist auf Trulla mehr Platz für 'ne Oper. Viel, viel mehr...

Trulla im Krankenhaus

Eines Mittags ringelte Trulla bei mir an. „Ich muss ins Krankenhaus“, stöhnte sie und rang keuchend nach Luft. „Was ist es?“, fragte ich geschockt. „Dein Herz?“ Trulla zischte. Nein, an ihr Herz ließe sie nur einen studierten Mann, das wisse ich doch wohl, oder? Sie müsse sich die Mandeln entfernen lassen, die seien in letzter Zeit andauernd entzündet, und das könne dann sehr wohl aufs Herz gehen. In drei Tagen würde sie aufgenommen, privatärztlich natürlich, in einem Einzelzimmer und gegen einen kleinen Aufpreis dürfe auch ihr Lieblingssitzgefährte Stühletto mitkommen.

„Na dann!“, sagte ich aufmunternd zu ihr. „Denk doch mal an die vielen Doktores, die da um dich rumschwirren!“ „Was meinst du wohl, weshalb ich so aufgeregt bin“, keuchte Trulla. Dann sagte sie noch, sie sei ab morgen krankgeschrieben und müsse sich bei Big Angel noch ein Nachtgewand und einen Morgenmantel kaufen und darüber hinaus ganz dringend zum Friseur. Ob ich so lieb wäre, ein kleines Päckchen mit esoterisch-spiritueller Literatur sowie Heil- und Lebenssteinen und einer neuen Kollektion Engelslichter im „Himmelreich“ abzuholen? Bezahlt hätte sie schon, aber sie schaffe es einfach nicht mehr. Dies sollte ich dann zum Vorabend der Operation im Krankenhaus vorbeibringen, sie läge auf Station II a in Zimmer 3, bei Professor Doktor Rossfass-Kümmelscheidt.

Was tut man nicht alles für gute Freunde! Ich war froh, dass ich mit dem Rad zum „Himmelreich“ gefahren war, denn das kleine Päckchen entpuppte sich als ein monumentales Riesenpaket, das ich schnaubend auf meinen Sattel hievte. Ich schob zum Krankenhaus, schloss mein Rad an und schleppte das Teil durch den Eingang in den Fahrstuhl und dann noch drei endlose Gänge bis zur Station, auf der Trulla lag. Ich donnerte mit dem Paket gegen eine weißlackierte Tür, Trulla öffnete mir und fragte, warum ich das „Personal“ nicht mit dem Tragen des Paketes beauftragt habe. Ich sank stöhnend auf Stühletto nieder und massierte mir die Handgelenke.

Dann sah ich mich um und Trulla an. Meine Freundin hatte das nüchtern-weiße Krankenzimmer gehörig umgestylt. Auf dem mit einem orangeroten Tuch verhüllten Nachttisch neben ihrem Bett lagen Steine und standen Kerzen. Den Inhalt des Riesen-Paketes verteilte Trulla malerisch auf der Fensterbank. Sie selber trug ein bodenlanges, türkisfarbenes, tief dekolletiertes Nachtgewand aus Samt. Sie zeigte stolz auf ein dazu passendes Nachthäubchen, das auf ihrem Bette lag. Am Tropfständer baumelte Trullas Pendel. Die angrenzende Nasszelle hatte Trulla ebenfalls mit Heilsteinen, Amuletten, Duftlämpchen und jeder Menge Töpfchen und Tiegelchen ausgestattet.

Ich fragte sie, ob die Schwestern und Pfleger denn mit dieser farbenfrohen Umgestaltung einverstanden seien. Trulla zischte, es sei ein harter Weg gewesen. Das Personal habe teuer erkauft werden müssen: Sie habe Heilsteine und Duftkissen verteilt sowie Pralinenpackungen und auch noch etwas für die Kaffeekasse gegeben. Die Oberschwester, einen besonders zähen Brocken, hätte sie durch eine wagenradgroße Mokka-Schichttorte gefügig gemacht. Zwei junge Lernschwestern hätten sich auf eine andere Station versetzen lassen, da Trulla überm Blutdruckmessgerät gependelt hatte. Ihren Heilsegen habe sie bedauerlicherweise nicht über der Tür aufhängen dürfen.

Ich fragte sie, ob sich denn schon was zum Thema Mann getan hätte. Trulla lächelte versonnen. Der Professor, der sie operieren wolle, sei leider noch verheiratet. Ansonsten gäbe es einen stämmigen, schottischen Oberarzt und mehrere Assistenzärzte. Sie habe noch gar nicht alle kennengelernt. Aber ein Psychologe sei heute auch schon bei ihr gewesen und habe sie nach frühkindlichen Krankenhaustraumen gefragt. Sie habe ihm eine Broschüre des akademischen Partner-Suchdienstes „Grieche sucht Griechin“ in die Hand gedrückt. Er werde nun jeden Tag kommen, habe der Psychologe gesagt.

Wer dann kam, war die Nachtschwester. Sie legte ein OP-Hemd und schicke, weiße Thrombosestrümpfe auf Trullas Lager und ermahnte diese, nichts mehr zu essen, denn morgen früh werde sie ja operiert. Trulla pendelte über dem Hemd und den Strümpfen und begleitete mich dann zum Fahrstuhl. Dort teilte sie mir noch mit, sie habe mich als nächste zu benachrichtigende Angehörige genannt, da ihre Schwester gerade im Urlaub sei. Nur für den Fall der Fälle. Wir umarmten uns, Trulla keuchte: „Die Engel werden mit mir sein und hoffentlich habe ich attraktive Mandeln“, und ich fuhr abwärts.

Am nächsten Mittag ringelte mein Handy. Ich erschrak fast zu Tode, als sich das Städtische Krankenhaus meldete. Ich solle doch bitte mal vorbeikommen, es sei recht dringend. Ich setzte mich auf mein Rad und strampelte los. Ob Trulla zu den Engeln gegangen war? Auf Station wurde ich in ein Besprechungszimmer geführt, wo drei Ärzte mit ernster Miene saßen. Zwei weitere hatten keinen Stuhl mehr abbekommen und mussten stehen.

Der Professor teilte mir mit, dass es Trulla gelungen sei, ihr Pendel in den OP-Saal einzuschmuggeln. Der Anästhesist habe es vor den Kopf bekommen und sei daraufhin zu Boden gegangen. Man habe ihn aber wieder hochbekommen und er habe Trulla narkotisiert. Beim Eindämmern habe sie: „Ein Akademiker, zwei Akademiker, drei Akademiker ...“, gezählt. Die Mandeln seien dann von ihm höchstselbst entfernt worden und man habe Trulla auf die Aufwachstation gebracht. Dort habe sie, soweit dies ihrer kraftlose Mandel-OP-Stimme möglich gewesen sei, mehr als sonst bei Privatpatienten üblich mit zischender Stimme halluziniert. Sie habe von Engeln gesprochen , die ihr einen studierten Mann bringen sollten. Einem sich über sie beugenden Assistenzarzt habe sie das Stethoskop abgerissen und auf diesem zu trompeten versucht. Nun läge sie auf Station und zitiere Rilke: „Alle Engel sind schrecklich ...“ Ob ich Rat wüsste?

Ich musste so lachen, dass mir die Tränen die Wangen hinabkullerten und fragte dann, ob Trulla nicht auch schon mit dem Krankenhausmobiliar gesprochen hätte? Ein Assistenzarzt bejahte dies und berichtete, laut zweier Pfleger habe sie auf dem Weg in den OP die Schwingtüren um glückvollen Einlass gebeten. Der Professor rang die Hände und sagte, so frisch nach der OP wolle er ihr kein Beruhigungsmittel verabreichen.

Ich sagte, da gäbe es nur eines: Ein Arzt müsse sich für die Dauer von Trullas stationärem Verbleib im Hospital opfern und auf studierten weißbekittelten Liebe-, Wärme- und Geborgenheitsgeber machen. Ansonsten könne ich für nichts mehr garantieren. Die Ärzte lösten eine Plastikflasche von einem Tropfständer und machten Flaschendrehen. Sie verrieten mir, so käme auch immer der OP-Plan für die Kassenpatienten zustande, ich solle das aber bitte nicht weitersagen. Der Prof selber drehte und die Flasche zeigte auf den schottischen, stämmigen Oberarzt.

Ich verabschiedete mich und ging, um in der Kantine im Erdgeschoss einen Kaffee zu trinken. Als ich eine halbe Stunde später in Trullas Krankenzimmer trat, saß der stämmige, schottische Oberarzt an ihrem Bett und legte auf der Bettdecke sehr nahe an Trullas wallender Oberweite ein Engeltarot. Trulla, die rechtsseitig noch an einem Tropf hing, krächzte mir Willkommensgrüße entgegen.

Nachklapp

Nach vier Tagen wurde Trulla entlassen. Ich habe sie abgeholt. Der schottische Oberarzt winkte ihr aus der Fäkalienspüle heraus zu. Drei Lernschwestern waren vonnöten gewesen, um Trullas Tand und Trödel aus dem Zimmer zu entfernen.

Ich lieh mir einen Rollator, um Trullas irdische Habe zum Taxi zu bringen. Der Taxifahrer fragte uns, ob wir ein Wanderzirkus seien.

Trulla passt sich an

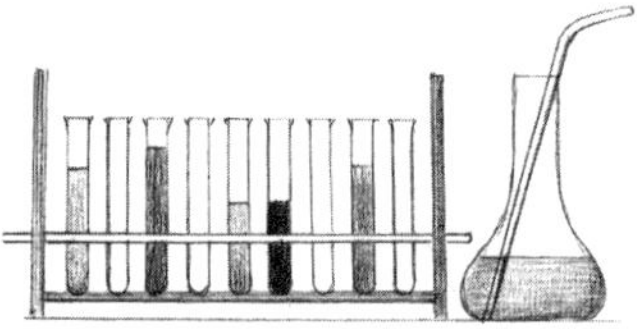

Am Gründonnerstag, einem Tag, der nichts Böses erahnen ließ, sondern sich eher ruhig und friedlich angelassen hatte, ringelte mein Telefon. Es war Trulla, die ein paar Tage zuvor von einer Lehrerfortbildung im Sauerland zurückgekommen war und nun Osterferien hatte. Und auf ihrem Anrufbeantworter war die Stimme von Wolfgang, der sich auf ihr Kontaktgesuch in einer Single-Börse gemeldet hatte.

Trulla hatte ihn eben gerade zurückgerufen und sich für den Abend verabredet. Nun wollte Trulla gern mein kleines Rotes borgen, aber das hatte ich der Evi geliehen, die wollte da drin ihrem Ex noch mal so richtig einheizen – ohne ihn zum Zuge kommen zu lassen, versteht sich. Sie buchte das Kleid also mit anschließender Reinigung und für 15 Euro Leihgebühr, da hatte ich schlecht nein sagen können.

Trulla war untröstlich. Auf der Sauerländer Lehrer-Fortbildung hatte sie 2,5 Kilo verloren. Das Kleid hätte also so gut wie fast schon gepasst. Und nun das. Ich rief bei Evi an und schilderte ihr die einmalige Notlage. Evi blieb hart. Sie trug das Rote bereits und war auf dem Sprung. Ich überredete Trulla schließlich zu ihrem mintgrünen Hosenanzug.

Am Karfreitagmorgen ringelte es wieder. „Er kommt, er kommt!“, kreischte Trulla in den Hörer. Ich war noch nicht so ganz richtig wach und es schneite. „Heute Abend“, kreischte Trulla. „Um sieben! Ich brauch dich, bitte!“ Ich sagte ihr, dass sie den Wolfgang doch sicher auch ohne meine Hilfe würde flachlegen können oder was immer sie sonst mit dem mir gänzlich unbekannten Knaben vorhabe. Trulla schnaufte in den Hörer. „Ich brauch dich zum Putzen, zum Dekorieren ... bitte!“, jammerte sie.

Ich zögerte. Letztes Mal, als Trulla den Schamanen gehabt hatte, war ich auch zu Dekorationszwecken angeheuert worden. Wir hatten einen Naturaltar aus Katzenstreu
und Majoran gebaut plus einer Trommelecke. Ich erinnerte Trulla daran, dass es mit dem Schamanen nix geworden war, weil Trullas Kater Hannibal den Naturaltar als Katzenklo missbraucht hatte. Aber sie bat und bettelte unbeirrt weiter. Sie lud mich zum Essen ein, ins Kino, ins Theater – und schließlich wurde ich weich.

Gegen halb eins rückte ich bei ihr an. „Was ist es denn für einer?“, fragte ich und Trulla bekannte, dass es sich um eine absolut bürgerliche Existenz handele. „Er ist nicht mal ein richtiger Akademiker“, sagte sie und wurde ein wenig rot. „Er ist Ing. grad. Chemie.“

Ich schwieg und sah mich in Trullas City-Single-Wohnung um. Schließlich borgte ich mir vom Nachbarn ein paar Reagenzgläser aus. Er hatte auch noch einige alte Chemie-Bücher und einen Bunsenbrenner anzubieten sowie einen Chemiekasten für Schüler. Ich schleppte die Gegenstände drei Stockwerke hoch und wir bauten auf ihren Ikea-Regalen eine Art Laboratorium. Dann wischten wir Staub, hängten sämtliche Kunstdrucke von Mondrian, Picasso und Hundertwasser ab und ersetzten sie durch aus dem Internet heruntergeladene Bilder von Madame Curie und den Hoechst-Werken: Sogar Goethe musste dem Doktor Oetker weichen. „Wann kommt der Mann eigentlich?“, fragte ich Trulla. „Erst gegen neun, er ist vorher noch bei seiner Mutter“, sagte diese. „Aha“, meinte ich, „wenn ein Mann direkt von Mama kommt, hat er sicher schon reichlich gegessen und man muss nichts mehr kochen.“ Trotzdem bügelte ich noch Trullas Cocktailschürze.

Gegen sieben strebte ich den heimatlichen Gefilden zu. Ich hatte großen Hunger und steuerte meinen Lieblingsitaliener an. Als ich eine Pizza und drei Rotwein später wieder in meinen eigenen vier Wänden angekommen war, blinkte der Anrufbeantworter. Hektisch teilte mir Trullas Stimme mit, sie habe noch einen Justus von Liebig runtergeladen und einiges Wissenswerte über Chemie aus Wikipedia ausgedruckt und lässig auf dem Couchtisch verteilt.

Ab ein Uhr erwartete ich eigentlich ein Ringeln des Telefons, welches aber erstaunlicherweise still blieb.

Erst am Ostersonntag meldete sich Trulla bei mir. Sie schluchzte. Es sei alles schief gegangen – dabei hätte es sich so gut angelassen. Er sei gegen 21 Uhr 10 bei ihr erschienen, habe sich ins Wohnzimmer gesetzt und das Chemie-Regal angestarrt. Die Curie sei von der Wand gefallen, aber daran hätte er sich nicht gestört. Sie saßen dann gerade bei einer Flasche Wein, als es klingelte. Erst wollte Trulla gar nicht aufmachen, aber dann hätte sie es doch getan.

Es war Evi, die Trulla doch noch mein rotes Kleid bringen wollte. Evi sei schnurstracks mit dem Teil ins Wohnzimmer marschiert und hätte es mit den Worten: „In dem Fummel reißt dich garantiert alles zwischen Maschsee und Eilenriede auf", neben das Sofa geworfen. Dann habe Evi sich noch erstaunt im Wohnzimmer umgesehen, auf den Mann geschaut und „Gutes Gelingen" gewünscht.

Sie, Trulla, habe das Ganze erklären wollen. Aber der Chemieingenieur sei aufgestanden, habe ihr die Hand gereicht und gesagt, er sei sehr müde und müsse morgen früh raus, da er mit seiner Mutter in den Botanischen Garten gehen wolle.

Ich versuchte, Trulla zu trösten und fragte sie schließlich, ob es denn nicht noch mehr Männer in der Single-Börse gäbe. Trulla seufzte. Ein süßer Apotheker habe sie noch angezwinkert und ihr einen kleinen, virtuellen Flirtgruß dagelassen. „Na, siehst du", schrie ich triumphierend.

Bei einem Apotheker brauchte Trulla gar nicht so viel umzuräumen, falls dieser sie aufzusuchen begehrte. Am Nachmittag ringelte es wieder. Der Apotheker begehrte Trulla am Ostermontag zu beehren. „Es gibt nur ein Problem", bekannte Trulla. „Er ist politisch stark engagiert, hat bei den Ostermärschen mitgemacht und lebte früher sogar in einer echten Kommune. Kannst du nicht bitte, bitte, bitte vielleicht ..." „Ich komme", murmelte ich und suchte gedanklich all meine Utensilien der Flower-Power Hippie-Zeit zusammen.

Doch auch Trulla konnte noch einiges beisteuern. Sie verfügte über ein Che-Guevara-T-Shirt, aus dem wir eine Kissenhülle bastelten. Das Kissen wollte ich gerne über den Rotweinfleck auf Trullas Recamiere legen, aber sie ließ mich nicht. Sie sagte, es handele sich hier um Rotwein aus dem revolutionären Chile, welcher zudem noch beim Absingen der Internationalen verschüttet worden sei.

Nachklapp 1

Bei mir ist es zur Zeit etwas eng. Trulla und ihr APO-Theker sind als Übergangslösung bei mir eingezogen. Der politisch engagierte Pillendreher hatte Trulla auf ihrem Balkon zeigen wollen, wie man einen Molotow-Cocktail bastelt.

Nachklapp 2

Dieser flog auf die Dachterrasse von Trullas Vermieter. Erst als der Apotheker diesem Schnupfen-Spray auf Lebenszeit frei Haus zu liefern versprach, durfte Trulla in ihre City-Single-Wohnung zurückkehren.

Trulla, griechisch-römisch

Also, meine Freundin Trulla ist bereits in jungen Jahren in diversen politischen Umständen gewesen, welche dazu geführt haben, dass sie auch Info-Stände mit ausgerichtet hat.

Vor ein paar Tagen ringelte sie mich an und teilte mir mit, dass die Filiale der Akademischen Partnervermittlung „Grieche sucht Griechin" auf unserem Stadtteilfest einen Info-Stand machen würde mit ihr dahinter. Und ob ich noch dieses violette Kästchen hätte, welches sie mir mal zum Geburtstag geschenkt hatte. Da würde sie gerne Infomaterial reintun.

Ich hatte das Kästchen nicht mehr. Der tote Hamster von meiner Schwester liegt drinnen. Und beide, Hamsti und Grauselkästchen, sind im Wald begraben worden. Der Hamster passte so gut hinein – und ich war froh, das Kästchen einer Stelle zuführen zu können, an der ich es nie, nie, nie wieder zu Gesicht bekommen würde.

Ich sagte Trulla, das Kästchen sei gerade im Urlaub, es habe einer Luftveränderung bedurft und mir gesagt, es wolle mehr in die Tiefe gehen, als dies in meiner Gegenwart möglich sei. Trulla verstand das sofort und meinte, dann würde sie ein silbernes nehmen, das passe auch.

Und dann wollte sie wissen, ob sie denn meiner Meinung nach hinter einen Info-Stand passe. Wenn da genug Platz sei, sicher, meinte ich unbedachter Weise, was mir ein fünf Minuten langes telefonisches Zischen eintrug.

Am Samstag ging ich auch auf das Fest. Mein Freund hatte keine Zeit und ich hatte Hunger, hoffte auf eine Bratwurst und leckere Torte, zudem wollte ich natürlich auch gerne meine Freundin hinter dem Info-Stand sehen.

Ich verschluckte mich lebensgefährlich an der Wurscht, als ich Trullas ansichtig wurde. Sie hatte sich griechisch-römisch kostümiert: Einen weißen Kaftan trug sie um sich gewickelt, der mit einer Goldkette umwunden war. An den Füßen silberne Sandalen, die bis zum Knie hoch geschnürt waren. Ihren Hals zierte das Pendel an einer Schnur und am Arm trug sie ein Schlangenhalsband. Stühletto war auch mit von der Partie und musste Trulla in Ruhepausen tragen. Sie zischte mir zu, zwei Männer hätten schon Kleopatra zu ihr gesagt.

Dann drückte sie mir dienstbeflissen eine Broschüre in die Hand. Ich protestierte schwach, dass ich schon einen Mann hätte. Es sei doch nur zu Demonstrationszwecken, meinte Trulla, denn gerade kam ein Fotograf, um den Stand abzulichten. Die griechisch-römische Trulla und ich sollten geknipst werden.

Der Fotograf sagte, um vor allem die Trulla aufs Bild zu bekommen, brauche er ein Weitwinkelobjektiv. Das holte er aus seiner Tasche.

Trulla deponierte in der Zwischenzeit einen Amor, drei Engel und verschiedene Flyer um sich und um mich herum. Zwei Jugendliche kamen und fragten, ob es hier Freibier gäbe. Trulla wollte die beiden mit heftigen Kaftan-Schlägen verscheuchen und sagte, dass hier sei noch nichts für sie. Darauf wollten sie wissen, ob wir hier Erwachsenen-Videos – pornoartig – oder so was hätten. Und ob Trulla sich ausziehen könnte. Trulla begann zu schreien, die Jugendlichen liefen davon.

Der Fotograf zückte seine nun präparierte Kamera und Trulla drückte mir eine Broschüre in die Hand. Den Vorgang mussten wir dreimal wiederholen, für die Presse.

Gerade in dem Moment kam mein Freund vorbei, den ich noch beim Nachbarn wähnte, welchem er beim Renovieren helfen wollte. Trulla kreischte glückselig auf, als sie seiner ansichtig wurde und bewarf ihn mit Flugblättern. Dann wollte sie ihm einen Lorbeerkranz aufsetzen und ihn als Cäsar neben sich zerren. Mein Freund dagegen begehrte zu wissen, warum ich Reklame für so eine Partnervermittlung mache. Das sei nur für die Zeitung, sagte Trulla, worauf mein Freund mich am Arm packte und wegzog. Hier dran könne man deutlich sehen, dass wir kein glückliches Paar seien, welches sich über die Partnervermittlung „Grieche sucht Griechin“ kennengelernt hätten, schrie Trulla aus Leibeskräften hinter mir her.

Nachklapp

Lieber R.! Wenn du diese Geschichte liest, dann sei mir nicht böse. Ich mach dir auch ’nen Lorbeerkranz aus Spitzwegerich. Ganz, ganz bestimmt.

Trulla geht shoppen

Als Trulla neulich bei mir anringelte, klagte sie, sie sähe außen so aus, wie sie sich innen fühle. Die akademische Partnervermittlung „Grieche sucht Griechin“ hatte ihr diese Woche nur einen „rüstigen Rudi, Dr. med. vet.“ beschert.

Der gähnenden Leere ihres Herzens, ihres unbefriedigten Körpers und ihrer nicht vom Strahlen inniger Zweisamkeit beleuchteten Seele wollte Trulla durch einen Stadtbummel mit Besuch bei Big Angel beikommen. Auch gedachte sie, den Außenwänden von Seele, Herz und Geist in einer Konditorei etwas Gutes zukommen zu lassen. Gerne wollte sie mich ebenfalls mit einigen Kalorienbomben belohnen, wenn ich sie bei Big Angel beraten täte.

Ich fragte, ob ich auch ein Eis kriegen könne. Trulla versprach mir dies und so trafen mir uns am frühen Nachmittag des nächsten Tages in der Innenstadt. Trulla wollte vor dem Sturm Big Angels noch eine Parfümerie ihres Vertrauens aufsuchen, um sich was zum Glätten, Füllen und Spachteln zu besorgen. Ich fragte, ob wir da nicht lieber zum Baumarkt fahren sollten, aber Trulla zischte nur und enterte einen Beautyshop.

Dort wurde sie von einer parfümierten Dame, welche auch schon ziemlich gefüllt und gespachtelt aussah, unter die Lupe eines Vergrößerungsspiegels genommen. Die Dame teilte meiner Freundin mit strahlendem Lächeln mit, sie leide unter partiell verstopften Talgdrüsen, einer risikoreichen Mischhaut und siebzehnprozentiger Faltendehnung des nicht genügend wasserspeichernden Untergewebes plus einer kurz vor dem Ausbruch stehenden Spät-Akne.

Vor allem die Spätakne ließ Trulla keuchen. Verzweifelt fragte sie, ob man das alles überleben könne. Dann deutete sie noch an, dass sie ohne Partner sei. Die ausgespachtelte Dame verzog verständnisinnig ihre geschminkten Lippen, runzelte diverse Puderschichten und sagte, gerade die ungeliebte Haut ab vierzig bedürfe der intensiven, all-ganzheitlich-umfassenden und selbstverständlich auch per Visa-Karte zu bezahlenden Pflege. Hurtig baute sie eine weiß-goldene Landschaft aus Creme-Tiegeln, Töpfchen, Dosen, Döschen, Fläschchen und Tuben vor meiner Freundin auf. Trulla fragte, ob das auch alles biologisch abbaubar sei und keine Spuren im Grundwasser hinterlasse. Ihr alter Vermieter sei nämlich gestorben und der neue habe eine starke Öko-Einstellung, er würde den ganzen Tag im Müll rumgrabbeln.

Ich sagte leise zu Trulla, dass mich eher interessieren würde, was das Ganze auf einem menschlichen Antlitz ausrichten würde. Die Dame kriegte meine Frage mit und kam mit einer Art Leporello zurück, welches ihre diversen visagistischen Grade bescheinigte. Trulla war das Ganze sehr peinlich und sie kaufte alles. Nur das Leporello und die Dame blieben zurück.

Dann bekam ich mein Eis, das ich vor der Tür von Big Angel aß. Ich beobachtete durch die Schaufenster, wie Trulla von einer Verkäuferin begrüßt wurde. Zunächst zeigte Trulla dieser stolz ihre Beute aus dem Beautyshop und dann wurde sie zu einem Ständer geleitet.

Als ich mein Eis alle hatte und in den Laden ging, war von Trulla nichts mehr zu sehen. Die Verkäuferin sagte mir, meine Freundin befände sich bereits in der Umkleide. Sie bot mir einen Stuhl an.

Etwa 10 Minunten später hörte ich die Verkäuferin spitze Schreie des Entzückens ausstoßen. Dann sah ich Trulla und es war gut, dass ich saß: Trulla steckte in einem orangefarbenen Zweiteiler mit riesigem Kragen. Die Verkäuferin betonte, dass der Kragen vorteilhaft von Trullas Problemenzonen ablenke. Ich gab zu bedenken, dass der Kragen auch von Trullas Gesicht ablenke, da dies kaum noch zu sehen sei, und warum sie den ganzen Cremesalat gekauft habe, wenn sie bei jedem Windstoß einen orangenen Lappen vor der Visage hängen habe. Die Verkäuferin sagte zu mir, dass der Preis des Kleides dieses über jedweden windigen Zweifel erhaben sein ließ, ec und nannte ihn. Trulla ging in die Umkleide zurück und zischte mich nach einigen Minuten zu sich.

„Wie komm ich da raus, wie komm ich da nur wieder raus?", stöhnte sie mich an. Ich erbot mich, ihr den Reißverschluss aufzumachen, aber Trulla zischte, es ginge nicht ums Ausziehen, sondern um den Preis des Kleides. „Das kann ich mir im Moment nicht leisten", wimmerte Trulla flüsternd. „Aber es ist mir so abgrundtief peinlich! Es passt doch wie angegossen! Und es ist so schön! Was soll ich nur tun ?“ Da rief die Dame von draußen, ob Trulla das Kleid gleich anbehalten wolle, sie würde die Rechnung gerne fertigstellen. Trulla bedeckte ihr Gesicht stöhnend mit dem Kragen. Ich riss den Reißverschluss auf und bedeutete Trulla, schleunigst aus dem Teil zu steigen, den Rest würde ich machen.

Ich nahm mir die Verkäuferin zur Seite und fragte sie, ob sie an dem Tod armer Negerkinder schuld sein wolle. Die Verkäuferin schaute mich schockiert an. Das sei sie aber, wenn sie meine Freundin nötige, das orangene Kleid zu kaufen.

„Wieso?“, wollte die Verkäuferin ziemlich blass um die Nase wissen. Ich sagte ihr, dass meine Freundin ein armes, schwarzes Kind aus Ehemals-Niederländisch-Simbabwe zum Patenjungen habe. Diesem und seiner Familie überweise sie jede Woche eine Summe Geldes. Und da wolle und dürfe sie sich dem Luxus eines deutschen Big-Angel-Lebens einfach nicht mehr hingeben. Sie könne leider nicht umhin, den Stoff der reichen, weiten, übergewichtigen Welt ab und zu auf ihren üppigen Brüsten zu fühlen, aber mehr auch nicht.

Dann schaute ich die Verkäuferin streng an. Dieser rollten bereits die Tränen über die Wangen. „Entschuldigen Sie, Sie sind so gut!“, sagte sie schluchzend zu Trulla, die mit dem Kleid überm Arm aus der Umkleide kam. Sie nahm meiner Freundin das Gewand ab.

Als wir den Laden verlassen wollten, fragte sie mich, ob ich einen Treuegutschein mitnehmen wolle, für die Negerkinder, damit die auch mal bei Big Angel einkaufen könnten. Ich sagte, ich würde mal anfragen, ob bei denen eine Butterfahrt nach Deutschland auf dem Programm stünde und rannte aus dem Geschäft.

Zwei Ecken weiter holte Trulla mich ein, ich kreischte immer noch vor Lachen. Trulla sagte, sie könne eine Lüge eigentlich nicht gutheißen, aber sie danke mir. Wir gingen in die nächste Konditorei.

Nachklapp

Drei Tage später ringelte Trulla bei ihr an. Sie sagte, sie könne nicht mehr unter die Menschen. Sie habe sich einen Großteil der Kosmetik ins Gesicht geschmiert, genau nach den Hinweisen auf den Döschen, Tübchen, Tiegelchen. Nun sei sie dort, wo sie nicht geschwollen sei, knallrot und alles jucke grässlich. Das könne den Negerkindern nicht passieren, sagte ich fröhlich, was Trulla mir übelnahm. Sie knallte den Hörer auf und ich blieb betroffen zurück.

Drei Tage später besuchte ich sie mit einer Tüte gebrannten Mandeln, um Abbitte zu tun. Trulla war mittlerweile gesichtsmäßig wieder fast normal anzuschauen und verzieh mir. Außerdem hatte sie festgestellt, dass ein Teil der Creme hervorragend zum Polieren von Stühlettos Beinen geeignet war.

Trulla bittet um Asyl

Als ich neulich bei Trulla anringelte, fragte sie, ob sie samt Kater für eine Nacht bei mir unterkommen könne. Ihr Laminat würde ausgewechselt und sei für zwei Tage nicht betretbar. Anschließend würde sie zu ihrer Schwester weiterreisen, samt ihres Tieres.

Ich gab zu bedenken, dass ich ja auch eine Katze hätte, die überhaupt nichts Vierbeiniges neben sich duldet. Neulich, bei seinem letzten Besuch bei mir, hatte sich mein kleiner Neffe auf alle Viere begeben und „Miau" gemacht. Die Katze ist sofort auf ihn los und ich hatte hinterher ein plärrendes Kleinkind mit Kratzwunden im Gesicht zu verarzten.

Trulla sagte, sie würde sich mit dem Kater zurückziehen und diesen in einem Zimmer einsperren. Schließlich willigte ich ein, und so kam drei Tage später des Abends Trulla auf unseren Hof gefahren. Aus dem Auto entlud sie einen kleinen Koffer, eine Beautybox, ein Katzenklo, eine Katzenreisetasche und Stühletto. Ich half ihr beim Tragen.

Als wir oben angekommen waren und uns ausgekeucht hatten, fragte ich sie, warum sie Stühletto mitgebracht habe. Trulla schnaufte mittelschwer und erklärte, der Dünnbeiner habe eine sehr sensible Seele. Und in ihrer Wohnung befänden sich zur Zeit rohe und ungehobelte Männer. Einer von ihnen habe Stühletto an den Beinchen gepackt und Trulla gefragt: „Madame, wohin kommt denn der Fiffi?" Sie habe deutlich gehört, dass Stühletto geweint hätte. Was wir nun deutlich hörten, war, dass meine im Wohnzimmer eingesperrte Katze kratzte.

Trulla lud also ihr Gepäck samt Kater hurtig im Arbeitszimmer ab und machte dann die Tür hinter sich zu, sodass ich meine Katze freilassen konnte. Dann half sie ihrem Kater beim Eingewohnen und stellte ihm noch ein Leckerli hin. Der Kater wollte aber partout nicht im Arbeitszimmer bleiben, sondern steuerte immer wieder meine Küche an. Schließlich bestellte ich uns einen Tisch beim Italiener gegenüber und wir sperrten den Kater samt Leckerli und Katzenklo in der Küche ein.

Bei „Luigi" geriet Trulla außer sich vor Begeisterung, weil am Nebentisch auf einer Karte „Reserviert für Dr. Platzeck, 2 Pers." stand.

Trulla keuchte, das könne nur ihr alter Hochschullehrer für Geschichte sein, immer wieder schaute sie zur Tür. „Denk dran, da steht zwei Personen auf dem Schild", sagte ich zu Trulla. Die winkte ab. Das wäre sicher ein ebenfalls promovierter Kollege.

Eine viertel Stunde später trat Trulla mich heftig auf den Fuß. Der Doktor hatte den Raum betreten, in Begleitung eines vollbusigen, blonden Mädchens, das ungefähr halb so alt und halb so dick wie Trulla war. Der Doktor machte erst einen Riesenwind, weil nur Dr. auf der Karte stand und nicht Professor, ob man in diesem Laden nicht wisse, dass er mittlerweile habilitiert sei. Trulla verschluckte sich und sprühte eine Menge Minestrone auf sich und auf die weiße Tischdecke.

Ich dagegen winkte den Kellner heran und sagte, ich sei gestern von einer Wespe gestochen worden und warum hinter meinem Namen nicht Wesp. stich stünde. Der Kellner, der mich gut kannte, grinste, aber Trulla wurde rot vor Wut. Sie zog mich mit sich aufs Klo, wo sie die Minestrone von ihrem Bid-Angel-Kostüm wischte und mich mehrere Minuten lang zusammenzischte: Ich würde ihr alles kaputtmachen. Nicht nur, dass ich mich durch solche Bemerkungen selber der Lächerlichkeit preisgäbe, nein, ich würde nun auch ihren habilitierten Wunschtraum zerstören. „Liebe Trulla", sagte ich. „Hast du nicht die blonde Kleine gesehen? So leid es mir tut – wach auf!"

Im selben Moment kam die blonde Kleine ins Klo rein, und zog sich vor dem Spiegel die Lippen nach. Trulla sauste aus der Tür wie gestochen und ich kam kaum hinterher.

Ich fand sie am Tisch des Habilitierten, auf den sie heftig einredete. Ob er sich ihrer nicht erinnern könne? Sie habe damals ihre Examensarbeit über „Staufer, Steine, Stigmata" bei ihm geschrieben. Der Prof. schaute und fragte schließlich, wann das gewesen sei.

Trulla sank auf den Stuhl neben ihm und als herauskam, dass es in dem Jahre gewesen war, als er vom Akademischen Rat zum Oberrat befördert worden war, kriegten sich beide nicht mehr ein. Sie hauten sich ihre Heinrichs, Karls und Ottos um die Ohren. Als die Blonde vom Klo zurückkam, wies ich stumm auf den Platz neben mir.

Sie setzte sich auch gleich und trank Trullas Rotwein aus. Es wurde ein total netter Abend. Die Blonde machte Table-Dance und Fotos für Versandhäuser. Sie kannte einen Haufen versauter Witze und wir beide lachten uns scheckig. Sie zeigte mir ihre Tattoos und gab mir einen super Tipp, wo man günstig Halterlose und Leopardenunterwäsche kriegen konnte. Dann gab sie noch eine Runde teuren, knallroten Nagellack aus.

Als der Professor sie dann schließlich mit einem „Püppi, hierher“ zu sich an den Tisch zurückbeorderte, war es schon halb eins. Trulla kam triumphierend mit seiner Visitenkarte zu mir und zischte mir etwas ins Ohr, das ich nicht verstand. Draußen dann sagte sie mir, sie sei in einer Woche mit ihm verabredet: zum weiteren Austausch historisch-akademischen Fachwissens. Dann sagte sie noch, sie wolle nun nur noch ins Bett und müsse am nächsten Morgen ganz früh los, ich könne ruhig ausschlafen. Das tat ich auch, wurde jedoch durch einen Albtraum geweckt. Mir träumte, ein tonnenschweres Vieh säße auf meiner Brust. Ich öffnete die Augen und sah in zwei grüne Schlitze und dann auf ein schwarzhaariges Etwas. Ich stieß einen verzweifelten Schrei aus und fuhr in die Höhe. Gleiches tat auch Trullas Kater, welcher auf mir gelegen hatte.

Nachklapp 1

Wie Trulla es fertiggekriegt hatte, meine Katze frühmorgens in ihre Transportbox zu packen und mit dieser zu ihrer Schwester zu fahren und wie es ihrem Kater und meinem Tiger überhaupt gelungen ist, aus den Zimmern zu kommen, wird für alle Zeiten ein Rätsel bleiben. Vier Tage später tauschten wir unsere Katzen zurück.

Nachklapp 2

Mit Trulla und dem Professor ist es nix geworden. Er hat sie zu sich in seine Wohnung eingeladen und dort im Netzhemd mit Jogginghose und Plastiklatschen an den Füßen empfangen, er guckte gerade Fußball-Länderspiel und lud Trulla dazu ein. Sie will nun einen Beschwerdebrief an die Uni schreiben, dass der Prof exkommuniziert wird – oder so ähnlich.

Trulla grünt so grün

Schon meine Oma hat immer gesagt: Eigner Herd ist Goldes Wert.“ Darum hat Trulla ihre City-Single-Wohnung ja nun auch gekauft. Und damit das ganze ein bisschen größer wird, hat sie die Ein-Raum-Wohnung daneben auch noch genommen und einen Durchbruch gemacht. Nun ist sie stolze Besitzerin einer Drei-Zimmer-Wohnung im fünften Stock. Die Wohnung wurde frisch gestrichen und die Dielen erhielten einen neuen Schliff. Das Schlafzimmer würde einen froschgrünen Teppichboden erhalten, das erzählte Trulla mir eines Abends am Telefon.

Trulla hat es seit einigen Wochen voll mit Fröschen. Der Frosch steht ja nun für Fruchtbarkeit und Erotik. Bislang hatte Trulla nur ihre beleuchteten Engel. Bis die Wohnung komplett neu durchgestylt war, durfte ich sie nicht sehen. Doch dann ringelte Trulla bei mir an und lud mich ein.

Bereits im Korridor grinste mir ein grüner Keramikfrosch entgegen, der eine ganz kleine Goldkrone trug und neben einem Engel auf einer Kommode stand. An den Frosch gelehnt fand ich ein Haiku, von Trulla selbst verbrochen:

Mann, oh du, tritt ein
Sei kein Frosch und nimm mich schnell
Wirst dann wohl mein Prinz

Ich ging also wieder raus aus der Wohnung, weil: Ein Mann bin ich nicht. Und ich möchte auch nicht Prinz von Trullanien werden. Trulla zog mich wieder zurück und beruhigte mich. Für Frauen gäbe es auch noch was.

Trullas Küche hatte sich nicht sehr verändert, außer dass sieben kleine Frösche oben auf dem Kühlschrank standen, so welche mit dicken Backen, wie Hummelsheimer Blaseengel. Trulla hatte sich auch einen neuen Umluftherd zugelegt, den sie heute das erste Mal ausprobieren wollte. Ich fragte sie, ob es Froschschenkel gäbe und Trulla zischte. Nein, sie wolle Omelette machen.

Dann führte sie mich ins Bad. Dort gab es nur einen Frosch auf der Waschmaschine. Dieser war auch nicht grün, sondern blau. Trulla sagte, sie habe ihn bei von Edel gekauft. Ich fragte sie, ob dies der neue Edeka für die gehobene Gesellschaftsschicht sei. „Mitnichten", meinte meine Freundin und schaute mich mitleidig an. „Aber es ist ja klar, dass du das nicht kennt. Von Edel ist ein neuer Standort für den akademisch-bewussten Käufer, welcher sein Heim mit gehobenem Wohnambiente mehr sinn- als zweckvoll anreichern möchte." Ich sagte, so hoch sei der Frosch nicht, und schlug vor, ihn oben auf den Kosmetikschrank zu stellen. Außerdem war mir immer noch nicht klar, warum er blau sei.

Trulla hob das Viech an und drehte es um, Ich las: „Kunus von Quark (Herst. von Edel), blaublütiger Frosch der gehobenen Preisklasse. Macht auch traditionell urtümliche Laute." Trulla drehte an einem kleinen Schlüssel. Der Frosch begann zu quaken. Er quakte dreimal und dann sagte er: „Ich habe 200 Euro gekostet."

Ich zog Trullas neue Klospülung, weil ich erwartete, dass diese mir auch ihren Preis nennen würde. Es rauschte aber nur ganz normal. Enttäuscht folgte ich Trulla ins Wohnzimmer. Dies wurde immer noch von Stühletto, der Recamiere und Goethe an der Wand dominiert. Auf dem Tischchen stand eine Frau, die einen Frosch küsste. Die Engel bevölkerten nun Trullas Fensterbank neben der kleinen Balkontür. Ihren Schreibtisch hatte sie in das alte Schlafzimmer gestellt. Die Tür zum neuen Schlafzimmer war noch zu. Der Kater lag davor und pennte. „Er bewacht mein Allerheiligstes", sagte Trulla. „Aha", sagte ich.

Trulla bat den Kater, den Weg frei zu geben. Dann öffnete sie die Tür, ich folgte und hielt die Luft an.

„Ja, es ist toll, nicht wahr?", kreischte Trulla glückselig, „Ist es nicht wunderbar?" Es war vor allem grün. Der Boden war grasgrün, die Vorhänge türkisgrün, das Bettzeug blaugrün und der Schrank war gelbgrün gestrichen. Das Bett aus geschwungenen Eisenstäben war lindgrün und hatte einen Betthimmel aus luftigem Giftgrün. Ich tastete nach einem Stuhl in dunkelgrün und schloss die Augen ... Als ich sie öffnete, war immer noch alles grün außer Trulla, dem Kater und mir.

Die Frösche bildeten in diesem Raum eine Invasion auf einem neongrünen Nachttisch. Ich fragte Trulla mit erstickter Stimme, ob außer mir schon jemand diesen Raum betreten hätte und schlug vor, ein Photo von Gustav Gründgens aufzuhängen. Trulla war über diese Idee begeistert und sagte, nein, ich wäre die erste, die den Raum in voller Pracht erblicken dürfte. Heute Abend oder morgen Früh würden noch Kissen in Moosgrün, Tannengrün und Smaragdgrün geliefert. Ich erhob mich matt und sagte, hier sei wirklich alles im grünen Bereich.

„Es grünt so grün", trällerte Trulla und führte mich in die Küche. Sie rührte den Omeletteteig und ich schnippelte Äpfel und Bananen für einen Fruchtsalat. Trulla stellte einen Frosch vor den Herd. Sie sagte, dass sei ein Ritual, um den Mann anzurufen. Wir stolperten insgesamt siebenmal über den Frosch und das letzte Mal hatte ich dabei leider den Zuckerpott in der Hand und verstreute ihn über den Frosch. Die Omeletts waren darum nicht ganz so süß.

Während wir aßen, klingelte es. Trulla linste durch den Spion. „Ein Mann, ein Mann", zischte sie leise und öffnete die Tür.

Es war ein Paketbriefträger, der die Kissen brachte. Trulla ließ ihn bis ins Schlafzimmer vordringen, dort durfte er die Ware abstellen. Noch nie habe ich einen Mann so schnell laufen sehen wie ihn, außer einmal, als der Werner, ein Ex-Ex-Ex-Ex von mir, mein hawaiianisches Toast auf Frankfurter Würstchen an Kartoffelgratin à la Angebrannt gesehen und einen kleinen Bissen davon gekostet hatte.

Draußen startete der Paketbote sein Auto mit Vollgas. Trulla sagte, sie habe ihn eingelassen, weil er den klassisch-akademischen Hinterkopf gehabt hätte. Ich erlitt einen klassischen Lachanfall und verschluckte mich an einem Apfelstückchen. Dann ging ich heim.

Nachklapp

Heute hab ich in der Stadt einen leichengrünen Engel gesehen, der wie der Schutzpatron der Seekranken oder der Ess-Brech-Süchtigen aussieht. Ich kaufte ihn für Trulla.

Trulla und der Geist von Rilke

Die Trulla und ich sind ja im Niedersächsischen daheim. Trulla ist Fan von kleinen Wochenendtrips. Als Kunst-und Kulturenthusiastin schlug sie mir neulich abends bei einem Glas Rotwein einen Wochenendausflug nach Worpswede vor, wo ihrer Meinung nach „noch der Geist der leider viel zu früh verstorbenen Paula Modersohn-Becker sowie des göttlichen Rilke durch die jugendstilbekränzten Moor-Gassen“ wehe. Ich sagte Trulla, dass ich letzten Sommer in Worpswede gewesen sei und es dort andauernd geregnet habe auf all die Kunst.

Trulla meinte, sie werde sich in Worpswede vor allem in bedeckten Hallengalerien, Künstlercafés und Ähnlichem aufhalten und gedenke zudem, in einem 4-Sterne-Hotel zu nächtigen, in welchem auch, wie sie gehört habe, oft Geschäftsreisende zu Gast seien.

Ich schaute mir den Prospekt an, den Trulla aus ihrer Handtasche zog. Durch zwei geteilt, so sagte Trulla, sei ein

Doppelzimmer gar nicht mal so teuer. Mich beunruhigte nur ein bisschen der Gedanke, was ich tun sollte, falls Trulla sich des Nachts einen in Kunst- oder Geschäftsdingen tätigen Mann ins Doppelbett einladen würde. Sie sagte, da solle ich mir keine Sorge machen, in dem Falle dürfe ich in ihrem Auto schlafen. Ich solle mir schon mal eine Luftmatratze und einen Schlafsack mitnehmen. Ich sagte, ich würde es mir überlegen.

Und das tat ich dann auch. An dem besagten Wochenende, welches Trulla für ihre Worpswede-Wonne auserkoren hatte, wollte mein Freund das Schlafzimmer tapezieren. Ich fragte ihn, ob er Hilfe benötige und er gab mir zur Antwort, er wolle mich mit einer neuen, baulichen Kleinigkeit überraschen und das Beste wäre, wenn ich gar nicht da sei. Also entschloss ich mich dazu, Trulla zu begleiten.

Am Freitagnachmittag holte Trulla mich ab. Sie trug einen lila Schal malerisch um ihren Kopf geschlungen und war ansonsten in Schwarz gekleidet. Je näher wir dem Künstlerdorf Worpswede kamen, desto mehr verfinsterte sich der Himmel und als wir den Ortseingang durchfuhren, ging ein heftiger Wolkenbruch hernieder. Trulla schnaufte und sah mich von der Seite her an, weil ich „Raindrops keep falling on my head" pfiff. Dann hielten wir an, um einen Örtlichen nach dem Hotel zu fragen, welches wir schließlich 300 Meter weiter fanden. Hochklassige Wagen standen auf dem Parkplatz, was Trulla zu einem begeisterten Keuchen veranlasste. Ich stieg aus, schulterte mein Gepäck und sagte zu Trulla, dass sich nicht in jedem Mercedes der S-Klasse eine Rilke-Seele verberge. Trulla verbat mir despektierliches Äußerungen über Rainer Maria und schnaufte mir nach.

„Ja, ja, wer jetzt kein' Mann hat, findet keinen mehr", sagte ich beim Eintreten in die Hotelhalle und wies mit dem Kinn auf die Lounge, welche mit Bridge spielenden Damen bevölkert war. Trulla sagte nichts mehr.

Im Doppelzimmer strebte ich der Dusche zu, ich war nass geregnet und fror. Als ich durchwärmt und erfrischt zu Trulla zurückkehrte, lag diese auf dem Doppelbett und starrte die Decke an. Ihr lila Schal war verrutscht. Sie fragte mich mit tränenerstickter Stimme, wie ich denn darauf käme, dass sie keinen mehr abkriegen würde. Und ob ich dächte, sie würde man so enden wie die Bridge-Damen da unten in der Hotelhalle. Ich tröstete Trulla und sagte, es gäbe auch noch Canasta und Rommé und streckte mich neben ihr aus. Trulla setzte sich schnaufend auf und blickte auf meine Füße. Wo ich mich hätte pediküren lassen, fragte sie. Ich wackelte mit den Zehen und meinte, mein Freund hätte das gemacht. Trulla sank auf die Decke und erlitt einen Weinkrampf. „Mir macht keiner die Füße“, schluchzte sie. Um sie ein bisschen zu trösten und aufzuheitern, erzählte ich Trulla, dass mein Freund während des Studiums in einer Tierhandlung gejobbt und dort Wellensittichen die Krallen geschnitten habe. Trulla weinte noch mehr. „Er ist gut zu Vögeln“, schluchzte sie. Ich grinste und fragte sie, wie sie das beurteilen könne. Sie stutzte, dachte nach und meinte dann, ich solle nicht immer so zweideutig denken und sprechen.

Ich kleidete mich an, zwängte meine wohlpedikürten Füße in neue Sommersandalen und sagte Trulla, ich würde noch ein wenig an die frische Luft gehen, der Regen hätte gerade aufgehört. Trulla wollte mitkommen. Ich wartete also in der Lounge auf Trulla, die kurz darauf mit frisch gewickeltem Kopf – diesmal in Orange – erschien.

Gemeinsam schlenderten wir durch den Ort. Trulla blieb an jeder Ecke stehen, sog mit geblähten Nüstern und wallender Brust die Luft ein und sagte, sie könne die Kunst förmlich riechen. Ein mit Mist beladener Wagen kam uns entgegen und ich lief vor Lachen gegen eine Laterne, Trulla riss sich die orangefarbene Tuchpracht herunter und fächelte sich und mir Luft zu. Dann enterte sie eine Kunsthandlung, wo sie ein Poster von Paula Modersohn-Becker und eine Postkarte mit Jugendstil drauf erstand. Sie sagte, die Karte wolle sie an Stühletto schicken und kaufte gleich noch eine Briefmarke. In einer Teestube (es hatte mittlerweile wieder angefangen zu regnen) schrieb Trulla ein paar Zeilen an den Dünnbeiner.

Ich las derweil das Horoskop in einer Frauenzeitung. Trulla las ich ihres gleich vor: „Die Schütze-Frau erblickt an diesem Wochenende dort eine Überraschung, wo sie diese am wenigsten erwartet." Trulla fragte mich, ob ich eine Ahnung habe, was das bedeute. „Vielleicht ist die Überraschung dort, wo du sonst sehr selten oder nie hingehst", sagte ich.

Trulla meinte, sie suche nur ungern WCs ins Gasthäusern auf und sei auch noch nie in der Küche einer Teestube gewesen. „Na, dann auf, Trulla, auf!", meinte ich und geleitete sie zuerst aufs stille Örtchen.

Im Damen-WC konnte sie jedoch nichts Überraschendes ausmachen. Ich öffnete für sie die Tür des Herren-WCs. Trulla kreischte und hielt sich die Augen zu. Ob ich vollkommen den Verstand verloren habe, zischte sie und galoppierte in Richtung Ausgang. Ich folgte ihr und holte sie vor der Teestube ein, wo sie im Regen stand. Sie sagte, sie habe nicht vor, ihre empfindsame Seele in Pissoirs auszuhauchen und steuerte eine Buchhandlung an. Ich rief hinter ihr her, dass ich schon mal wieder ins Hotel zurückgehen würde, es sei mir einfach zu nass.

Im Zimmer hatte ich es mir vor dem Fernseher gemütlich gemacht, als Trulla hereingeschnauft kam und sich aufs Bett plumpsen ließ. Sie teilte mir mit, morgen früh um elf Uhr sei eine Galerie zu besichtigen, von einem Holz- und Metallschmied, welcher auch noch bildender Künstler sei. Das habe sie eben von der Dame in der Buchhandlung erfahren.

Dann gingen wir noch in eine Pizzeria, wo Trulla eine Pizza Rilke bestellte. Sie verschluckte sich furchtbar, als ihr beim Rezitieren vom „Panther" ein Stück Rilke in die falsche Kehle kam. Ich beklopfte sie lange und ausdauernd und fragte sie dann, ob sie einen Luftröhrenschnitt brauche, das sei doch sicher was Ungewöhnliches, was sie noch nie gehabt habe. Trulla keuchte, ich solle den Mund halten und ihr ein Glas Wasser holen. Sie zitierte dann nur noch mit schwacher Stimme aus den Duineser Elegien und gab den Rest Rilke an mich ab.

Danach begehrte sie, ins Hotel zurückzugehen. Wir eilten durch den Regen und Trulla schnappte sich an der Rezeption noch eine Broschüre über „Heiraten in Bremen". Während ich schon im Bett lag, machte Trulla sich noch eine entschlackende und gleichzeitig straffende Gesichtsmaske und trug darüber eine Anti-Falten-Creme auf.

Am nächsten Morgen sah Trulla mal wieder aus, als habe sie die Masern und die Windpocken und Mumps obendrein gleichzeitig. Offensichtlich hatte sie sich zuviel auf einmal ins Gesicht geschmiert. Ich öffnete die Minibar, holte alles an kleinen Kaltgetränken raus, was drinnen war, und legte es auf ihr Gesicht. Nach einer halben Stunde war sie zumindest wieder abgeschwollen. Mit viel Abdeckcreme und Puder drüber war sie dann bereit, mich in den Frühstücksraum zu begleiten, wo die Bridge-Gruppe von gestern saß und sich über Faltencreme, Pudel, Wellness, Lifting, wieder Pudel und Mireille Mathieu unterhielt.

Um halb elf machten wir uns auf den Weg zur Galerie, die nur wenige Meter entfernt vom Hotel lag. Dort warteten wir – in strömendem Regen – bis um elf Uhr ein bärtiger Cordhosenträger die Tür öffnete und mich und Trulla über einen begrünten Innenhof, wo die Mülltonnen mit Sonnenblumen bemalt waren, in seine Werkstatt führte und von dort aus noch in die Kirche des Ortes lockte, wo, wie er sagte, ein von ihm hergestelltes Kunstwerk stünde.

Das Kunstwerk war aus Metall, länglich, hatte eine Art Grillrost und ein Kabel mit einem Strecker dran. Ich sagte, ich fände es toll, dass es jetzt in der Kirche auch Grills gäbe, auf denen man zum Beispiel Würstchen oder Schaschlik am Spieß zum Abendmahl zubereiten könne. Trulla schloss die Augen und der Künstler sagte, es handele sich um eine Krippe, welche er als Auftrag für das kommende Weihnachtsfest gefertigt habe.

Ich verzog mich kleinlaut in das Hintere der Kirche und steckte dort an einer Tafel die Zahlen der Liedtexte für den kommenden Gottesdienst um und ganz neu, bis Trulla mich zu sich heranzischte. Sie sah dem Künstler tief in die Augen und wollte ihn ins Atelier zurückbegleiten. Ich trottete hinter den beiden her, bis ein blondes Mädchen auf den Künstler zusprang und ihn umhalste. Der Künstler stellte sie uns als seine Schnucki vor und fragte Trulla, ob sie nun noch was von ihm kaufen wolle. Ansonsten wolle er nämlich mit Schnucki nach Aldi fahren, Bier holen.

Trulla verabschiedete sich hastig und blieb sowohl für den Rest des Weges als auch des Tages sehr schweigsam. Sie saß auf dem Bett im Hotelzimmer und blickte stumpfsinnig in „Heiraten in Bremen“, ohne die Seiten umzublättern.

Draußen schüttete es wie aus Eimern. Gegen sechs fragte ich Trulla, ob sie nicht Lust habe, in die Sauna zu gehen. Trulla meinte, sie habe zu nichts mehr Lust. Aber schließlich willigte sie ein, zog sich den hoteleigenen Bademantel über und folgte mir in den Keller zum Wellnessbereich.

Dort öffnete sie die Tür zum Schwitzraum, prallte zurück und taumelte gegen mich. Ich ging in die Knie und fragte, was los sei, „Da drinnen sitzt einer", keuchte Trulla. „Das ist in der Sauna häufiger der Fall", sagte ich. „Es ist ein Mann", keuchte Trulla zurück. „Auch das soll vorkommen", meinte ich und wollte sie zur Seite schieben, doch das ließ Trulla nicht zu. „Ich hab ihn zuerst gesehen", zischte sie mir ins Ohr, öffnete die Tür weit und nun sah ich ihn auch: Ein riesenhafter, gutgebauter Schwarzafrikaner lag auf der oberen Sitzbank. Trulla setze sich genau unter ihn und faltete die Hände. Der Schweiß des Afrikaners tropfte auf sie herab, nach einer Weile sprach er mit ihr, französisch, Trulla antwortete, ich verstand kein Wort. Dafür aber brannte mein Halskettchen, das ich vergessen hatte abzunehmen, wie Feuer, weshalb ich die Sauna kurzzeitig verließ, um es draußen in mein Schließfach zu tun. Als ich dann die Holztüre wieder öffnen wollte, gelang mir dieses nicht. Ein Blick durch das kleine Fenster zeigte mir, dass des Afrikaners breites Kreuz dagegen lehnte und ich hörte Trulla keuchen, aber in einer anderen Tonlage als sonst.

Ich ließ die beiden im Schwitzraum und begab mich ins Schwimmbecken, wo ich einige Runden drehte, bis sich die Saunatür öffnete und der schwarze Riese erschien. Ein Saunatuch um die Lenden geschwungen, schlüpfte er in ein Paar Badelatschen und ging hinaus. Wenige Augenblicke später öffnete sich die Tür des Schwitzraumes erneut, und Trulla schritt heraus, das Badetuch um den Kopf geschlungen und sich in den Hüften wiegend, wollte sie den Saunabereich ebenfalls verlassen. Ich platschte aus dem Wasser, hielt meine nackte Freundin, die etwas vom Paradiese murmelte und dem Garten Eden im Serengeti, auf, und überredete sie, wenigstens einen Bademantel überzuwerfen.

Fünf Stunden später kam sie ins Hotelzimmer zurück. Ich fragte sie, ob nun meine Zeit des Schlafsackes und der Luftmatratze gekommen sei. Trulla lächelte selig und sank auf das Bett hernieder, noch immer mit Turban und Bademantel. Ich musste meine Frage noch drei mal wiederholen, bis Trulla aus ihrer afrikanischen Trance erwacht und mir mitteilte, das ihr ebenholzfarbiger Glückbringer abgereist sei. Dann küsste Trulla mich und nannte mich einen Engel. Wenig später sagte sie, sie sei ein wenig ermattet. Sie schlief ein und pennte über 10 Stunden lang wie ein Stein. Ich war am Packen, als sie aufwachte.

Trulla schwebte noch immer im siebten Himmel, weswegen ich uns nachhause zurückkutschieren musste.

Nachklapp

Ich habe Trulla heimgebracht, ihr die Treppen in ihre City-Single-Wohnung hinaufgeholfen und sie der Obhut Stühlettos überlassen. Dann bin ich zu meinem Freund gefahren. Ich war auch ziemlich geschafft, muss ich gestehen, und ließ mich gleich auf die Überraschung im neu tapezierten Schlafzimmer, ein wundervolles Wasserbett, fallen.

Mein Freund wollte den Arzt rufen, als ich ihm schlaftrunken mitteilte, dass Rilke ein Schwarzafrikaner sei, doch dann fiel ihm ein, dass ich achtundvierzig Stunden mit Trulla zusammen gewesen war und er unterließ es, den Doktor anzuringeln.

Trulla greift zum Graffiti!

Eines Morgens ringelte mein Telefon und es war Trulla und es war noch vor acht. „Halloho“, zirpte Trulla fröhlich in den Hörer „Weißt du, mit wem du sprichst?“ Ich sagte, ich wisse es. „Das weiheißt du ni-hicht“, zirpte es fröhlich weiter. Doch ich erfuhr es im Telefonumdrehn: Trulla sei als engagierte Kunstkennerin, als pädagogische Fachfrau und als einfach unbedingt nötiges Beiwerk mit von der Partie. Ich fragte nicht mehr, wobei, sondern sagte nur „Toll!“ Das fand Trulla auch und rief, sie müsse nun aber schnell zur Schule und würde am Nachmittag mehr erzählen.

Doch mehr erfuhr ich schon, als ich wenig später die Zeitung aus dem Briefkasten fischte. Im Lokalteil prangte ein Foto, auf dem in der vorderen Reihe knieend auch die gute Trulla zu erkennen war. Ich las, dass eine Gruppe engagierter Bürger, Künstler, Politiker sowie andere wichtige Personen des Stadtteil-Zeitgeschehens eben diesem ein Kulturzentrum zukommen lassen wollten.

Und da wollte Trulla kräftig mitmischen, wie sie mir am Nachmittag persönlich mitteilte, um mich zu werben. Der Stadtteil brauche noch jede Menge ehrenamtliche Kreative, welche bereit und willens seien, in ihrer Freizeit sowie an den Wochenenden für das Zentrum zu arbeiten. Ich dürfe dort auch alles leiten, nur nicht die Kochgruppe.

Trulla lud mich zum Italiener ein und stellte mir dort noch einmal das Konzept vor: Das bislang siebenköpfige Planungs- und Organisationskomitee wolle einen Verein gründen, dem sie als Zweite Vorsitzende vorstehen würde. „Habt ihr denn schon einen Ort für euer Zentrum?", wollte ich wissen. Trulla sagte, sie suchten noch.

Da Trulla ja vor einiger Zeit endlich ihre City-Single-Wohnung als Eigentum erworben hatte, fragte ich sie, ob sie die nicht zum Zentrum ausbauen wollten. Trulla zischte mich fünf Minuten lang erbarmungslos nieder. Ich aber sagte ihr, dass ich aus eigener Erfahrung wisse, wie solche Ideen hinterher in der leidgeprüften Realisation aussehen.

Zu meiner Vergangenheit gehörte nämlich auch, dass ich mich ergebnislos in Tjolf Kühn verliebt hatte. Der war seines Zeichens ein gnadenloser Kulturorganisator gewesen und hatte vor einigen Jahren versucht, ein Kunst- und Kulturzentrum in einem anderen, in seinem Stadtteil aufzuziehen. Als die Presse zur Vorstellung unserer Ideen kam (ich war schnell seine rechte Hand geworden, weil ich so verknallt war in ihn) füllten wir mit über 50 Leuten noch den mittleren Raum der Rotkreuzstation, die man uns unentgeldlich zur Verfügung gestellt hatte. Gut, die Hälfte war gekommen, weil sie dachte, es würde Blut gespendet, aber immerhin. Als es dann beim nächsten Treffen um die Wahl des Vorstandes ging, waren wir noch stolze fünfzehn. Doch die Zahl der Mitstreiter nahm rapide ab, als es um die Verteilung der Arbeit ging, so dass Tjolf schließlich mit einer Handvoll Leute um seinen Küchentisch saß. Abwarten und Teetrinken – dieser Punkt stand schließlich als einziger auf der Tagesordnung.

Trulla sagte, ich solle sie bitte mit allem vergleichen, nur nicht mit Tjolf. Und es gäbe auch schon zwei Locations der engeren Wahl. Diese sollten in drei Tagen unter Begleitung der Presse begangen werden. Ihre Lieblingslocation war die stillgelegte Kläranlage. Des weiteren war noch eine Grundschule im Gespräch, welche wegen Asbest geschlossen worden war. Ich fragte Trulla, was denn für die Kläranlage spräche und Trulla sagte, dort würde laut Feng Shui ein guter, kräftiger Strom zwischen Publikum und Künstler fließen, auch sei daselbst der Brodem der kulturellen Ewigkeit zu spüren. Der Doktor Hahnebicher-Schwendtfeger
 sei allerdings für die Schule. So wie Trulla „Hahnebicher Schwendtfeger" säuselte, war mir klar, dass es sich da wohl um einen für die Zukunft avisierten Liebe-, Wärme- und Geborgenheitsgeber handeln musste.

Trulla seufzte, dass sie noch viel zu tun hätte. Sie müsse vor dem Fototermin noch zum Friseur und außerdem wolle sie sich einen neuen Big-Angel-Hosenanzug kaufen. Wir tranken dann noch einen kleinen auf Angela Merkel und Trulla brachte mich heim. Wenig später erfuhr ich von einer ziemlich erledigten Trulla, dass es leider eine Mehrheit für die Asbest-Schule gäbe. Sie jedoch würde auf eine günstige Gelegenheit warten, ihre Traumlocation, das alte Klärwerk, ins Licht der Öffentlichkeit zu rücken.

Dann ringelte mein Telefon mitten in der Nacht. Schlaftrunken erfuhr ich, dass es losginge. Ich dachte, blöder Traum, und legte das Telefon auf, aber es ringelte wieder. Es war auch kein Traum, sondern meine Freundin Trulla.

Ich müsse sofort kommen, denn die Gelegenheit sei endlich da! Ich schaute auf die Uhr, es war viertel nach zwei. Ich sagte Trulla, dass es viertel nach zwei sei. Trulla zischte, dass wisse sie auch, aber ich müsse kommen. Wohin, wollte ich wissen. Zum alten Klärwerk, und ich solle eine Taschenlampe mitbringen.

Ich fuhr stöhnend in meine Kleidung und fand keine Taschenlampe. Ich überlegte, ob ich die Katze mitnehmen sollte, die sah im Dunkeln und ihre Augen leuchteten, aber dann entdeckte ich eine Packung Wunderkerzen. Die nahm ich mit und zwei Briefchen Streichhölzer noch dazu.

Ich machte mich auf den Weg zum Klärwerk, der ungefähr eine Viertelstunde dauerte. Vor dem alten Gebäude konnte ich schon von Weitem meine Freundin Trulla ausmachen, die mit den Armen fuchtelte und in höchsten Tönen „hierher, hierher“, zischte. Ich ging hierher und fragte, was denn nun eigentlich los sei.

Trulla zeigte auf das Klärwerk. Ob ich nichts merkte. Ich solle mal in den Himmel sehen und ihr sagen, was ich dort sehen täte. Ich sagte, ich würde Sterne sehen. Trulla zischte, dass genau ein hellstrahlender Stern seit dreieinhalb Stunden über dem Klärwerk stehe. Das sei ein Zeichen, dass es das Klärwerk sein müsse. Und das müsse an die Mauern gesprüht werden. Ich fühlte mich an Betlehem erinnert oder an Jericho. Ich wusste nur noch nicht, welche Rolle Trulla mir in dem Stück zugedacht hatte, hoffentlich war es nicht die des Esels.

Trulla hatte zwei große Dosen Sprayzeugs dabei. Sie sagte, mit meiner Hilfe würde sie ein großartiges Graffiti sprayen wollen. Ich solle ihr dabei leuchten und vor allem gucken, ob wer käme. Und wo die Taschenlampe sei. Ich zeigte die Wunderkerzen vor, Trulla seufzte und ich entzündete zwei von ihnen. „Es ist geklärt!", sprühte Trulla mit großen Lettern ans Klärwerktor und dann noch: „Hier duftet es nach Kultur." Sie fragte, ob mir auch noch eine Botschaft einfiele. Ich sagte, sie solle doch noch sprühen, dass sie einen Mann suche. Trulla schnaufte und ließ die Spraydose sinken.

Dann sahen wir Scheinwerfer in der Nähe. Ich zog Trulla mit mir runter und hielt ihr die Hand vor den zischenden Mund. Dabei drückte Trulla vor Schreck auf die Spraydose, gerade, als ein Auto an uns vorbeifuhr. Im Licht der Scheinwerfer sah ich, dass ich rot-violett geworden war. Das Zeug ließe sich bestimmt wieder abwaschen, tröstete Trulla mich, während wir heimwärts zogen.

Das tat es tatsächlich. Unter der Brause ging es ab im Null-Komma-Nichts und färbte nur die Wanne ein bisschen rosa. Auch meine Klamotten, die ich in die Waschmaschine gesteckt hatte, wiesen am nächsten Morgen keinerlei Farbspuren auf. Ich dachte nach. Da ringelte das Telefon. Eine schluchzende Trulla sagte, sie sei eben am Klärwerk vorbei, noch vor der ersten Stunde. Und die Farbe sei komplett abgewaschen durch den Regen der letzten Nacht. Außer einem sehr verschwommenen „uftet nach ur" könnte man rein gar nichts mehr erkennen.

Ich sagte Trulla, dass auch ich vollkommen farbfrei sei. Das sei ihr egal, erklärte Trulla, darauf komme es nicht an, außerdem wären sie und Big Angel für einen Schaden an meiner Kleidung aufgekommen. Ich fragte sie, was sie denn da für ein Spray genommen habe.

Trulla seufzte. Ob ich mich noch an den Anarcho-Apotheker erinnern könne, wegen dem und seinem Molotow-Cocktail sie beinahe ihre Wohnung verloren habe? Ich konnte mich erinnern und Trulla sagte, der habe eine Kiste in ihrem Keller untergestellt und dann vergessen, aus seinen wilden marxistisch-trotzkistischen APO-Zeiten. So was wie die kleine Grundausstattung für Revoluzzer. Und da seien außer einer Mao-Bibel, einem Liederbuch „Urlaute aus dem Untergrund“ sowie zwei Kondomen auch die Spraydosen drin gewesen. Offensichtlich hätten diese das Verfallsdatum aber längst überschritten gehabt und seien abwaschbar geworden.

Trulla sah dies als ein Zeichen an. Sie wolle nicht mehr in Kultur machen, schluchzte sie. Auf dem Photo in der Presse sähe sie scheiße aus und wenn sie noch mal nach einer Sprühdose griffe, dann höchstens nach Haarspray. Dann legte sie den Hörer auf, bevor ich fragen konnte, was denn nun aus dem Doktor Hahnebicher-Schwendtfeger geworden sei.

Nachklapp

Dies erfuhr ich drei Tage später, als Trulla mir erzählte, dass der Doktor nach München ziehen wolle. Einer Kosmetikerin wegen, die er bei einem Marianne-und-Michael-Konzert-der-Volksmusik kennen gelernt habe.

Trulla und andere Antiquitäten

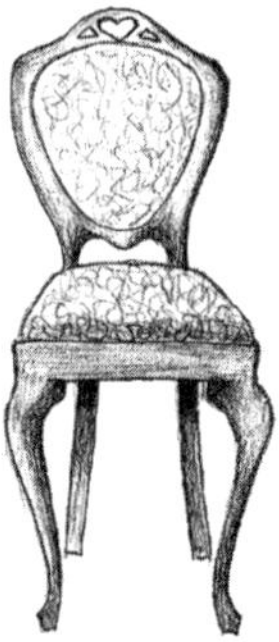

Als Trulla bei mir anringelte, war sie mittelaufgeregt. Sie lud mich zu einer Antiquitätenmesse ein, nein, nicht zu der Messe, wie sie sich dann keuchend korrigierte, sondern zur „hochoffiziellen Eröffnung derselben.“ Ich fragte, wie ich denn zu der Ehre denn käme und Trulla erklärte mir, sie habe die beiden Karten von einer Kollegin geschenkt bekommen, die an dem Tag zum „Squash, stell dir vor, zum Squash!“ gehen würde und sie daher gefragte hätte, ob sie nicht Lust oder Zeit oder beides hätte. Dann ließ sie sich noch mindestens drei Minuten (in der Zeit trocknete mein Nagellack, daher weiß ich das so genau) über Menschen aus, die den ordinären Hallensport einem kulturellen Highlight vorziehen würden.

Das Highlight fand drei Tage später an einem Freitagabend statt.

Trulla trug ein Etuikleid von Big Angel mit einem Jäckchen drüber. Fast alle Frauen auf dem Empfang trugen Etuikleider, die entweder kurz überm oder eine Handbreit unterm Knie endeten. Ich hatte einen Minirock und halterlose Strümpfe an, die rutschten immer ein bisschen. Die Etuikleider guckten auf mich. Trulla bat mich diskret zur Seite und meinte, sie hätte noch eine Stützstrumpfhose in dunkel-beige-braun in der Tasche, die könne sie mir leihen.

Ich lehnte dankend ab, was gar nicht nötig gewesen wäre, denn Trulla hatte sich mittlerweile mit einem Sektglas ausgestattet und den Kreis derer bevölkert, die dem Eröffnungsredner zuhörten. Sie stand also inmitten von ungefähr fünfzig anderen Etuikleidern und den dazu gehörenden Etuikleidermännern.

Ich hielt mich ein bisschen abseits, zog an meinen Strümpfen und fand es vor allem warm. Dieser Meinung schien Trulla auch zu sein, denn sie zog ihr Jäckchen aus und befächelte damit sich und alle Umstehenden. Dabei verlor sie ein bisschen Sekt aus ihrem Glas. Schließlich waren die einführenden Worte zu Ende und Trulla strebte auf die Stände mit Antiquitäten zu, ich hoppelte hinterher.

„Guck mal, den da!", zischte meine Freundin mir ins Ohr und wies mit dem Kinn auf ein braunes Tischchen, dass neben einem gelben Sessel stand. „Bisschen klein", raunte ich ihr zu. „Aber der hat doch irgendwie was", zischelte Trulla zurück. „Ich finde ihn interessant." „Aber du hast doch schon so einen", gab ich zurück und dachte an das kleine Teil, dass zuhause zwischen Trullas Recamiere und Stühletto stand. Trulla guckte mich irritiert an.

„Den letzten hatte ich vor genau acht Wochen", zischte sie. „Und der ist mit dem da nicht zu vergleichen!" Ich glotzte – und allmählich dämmerte es mir, dass sie nicht den Tisch, sondern den Kerl meinte, der direkt daneben an der Wand lehnte.

Trulla näherte sich dem Objekt ihrer Begierde, zur gleichen Zeit steuerten auf den Mann aber zwei weitere Etuikleider zu. Diese nahmen ihn eins recht, eins links und stiefelten mit ihm davon.

Trulla fragte mich, ob ich glaube, dass auf jeden Mann hier zwei Frauen kämen. Ich wurde der Antwort enthoben, weil sich ein weiterer, einsamer Herr auf den Tisch zu bewegte. Er hatte einen Krückstock dabei und hinkte. Trullas Augen füllten sich mit Tränen, die aber jäh versiegten, als sie einer Frau mittleren Alters ansichtig wurde, die sich zwischen sie und den Stockmann schob.

Trulla sagte, sie brauche jetzt eine Stärkung, einen Kaffee oder so was. Ich sah mich um. Die Mädchen mit den Sekttabletts waren verschwunden. Alles drängte sich jetzt vor den Ständen mit den Antiquitäten, von denen deshalb nichts mehr zu sehen war. Ganz hinten in der Ecke entdeckte ich einen Tisch mit einem Ober dahinter und ein paar Tassen davor. Trulla bestellte zwei Kaffee und ich glaubte, umzufallen, als ich den Preis hörte. „Dafür krieg ich beim Lidl eine ganze Packung Sonderauslese“, protestierte ich. „Sag hier nicht Lidl!“, zischte Trulla mir ins Ohr. „Von mir aus auch bei Aldi!“, meinte ich. Trulla sah aus, als ob sie in Ohnmacht fallen würde. Sie zahlte meinen Kaffee mit und ließ sich auf einen Stuhl fallen. „Es ist aber doch wahr“, fuhr ich fort, aber Trulla unterbrach mich. Ich könnte gerne bei Lidl oder Aldi kaufen, aber ich solle nicht in ihrer Gegenwart von so was reden. Schon gar nicht auf einer Messe, auf der die oberen Zehntausend wären. Ich sagte nix mehr und Trulla beruhigte sich allmählich wieder.

Dann sagte sie, sie wolle nun aber die Stände abschreiten. Sie habe ein Photo von Stühletto dabei und wolle ihm vielleicht einen Bruder oder eine Schwester schenken.

Ich sagte, ich käme gleich wieder und ging aufs Klo. Dort richtete ich vor allem meine Halterlosen. Als ich dann wieder auf Trulla stieß, war die gerade mit dem Foto von Stühletto an einen Stand getreten und hielt dem dortigen Besitzer ihren Dünnbeiner unter die Nase. Der Mann schaute sich Stühletto genau an. Dann schaute er Trulla an und sagte, dass er Antiquitäten verkaufe.

Trulla holte tief Luft. Ich fürchtete um sie und vor allem um das Etuikleid. Darum sagte ich, dass ich dahinten um die Ecke einen Bruder von Stühletto gesehen hätte, eben, als ich vom Klo gekommen sei. Ich zog Trulla aus der Gefahrenzone und bat sie, ganz ruhig und nicht auf einen Atemzug, sondern eher stoßweise auszuatmen.

Das tat sie, und das Etuikleid hielt. Trulla beruhigte sich, aber sie wollte sofort nach Hause. „Ich lasse doch hier meinen Stuhl nicht beleidigen", sagte sie immer wieder. Ich nahm ihr das Foto ab und fasste ihre Hand. Wir verließen die antiquarische Stätte.

Draußen setzte ich mich auf eine Mauer und zog die Halterlosen aus. Trulla ließ sich von mir den Reißverschluss ihres Etuikleides öffnen, stieß dabei die restliche Luft aus und zog ihr Jäckchen drüber. Dann gingen wir noch ein Bier trinken, auf das ich Trulla einlud.

Trulla wird versteigert

Heute Morgen brachte mir die Post einen netten, violetten Umschlag. Es lag eine ebenfalls violette Karte darinnen, auf der zu lesen war, dass die Gruppe GsG mich zur Sommerfeier einlud. U. A. w. g. stand auch noch drunter. Und eine Telefonnummer.

Begierig zu erfahren, wer sich unter den Abkürzeln denn verbergen könnte, rief ich die Nummer an und fiel fast um, als ich am anderen Ende die Stimme meiner Freundin Trulla per Anrufbeantworter hörte: „Hier spricht „Grieche sucht Griechin“, ihre akademische Partnervermittlung. Unser Büro ist heute von 14 bis 16 Uhr besetzt. Wir wünschen allen Akademikern und Akademikerinnen auf der Suche nach Liebe, Wärme und Geborgenheit einen hoffentlich bald zweisamen Donnerstag.“

Ich wählte die Nummer noch zweimal, weil ich so perplex war. Dann ringelt ich Trulla auf dem Handy an und erwischte sie gerade in der großen Pause.

Sie offenbarte mir, sie sei heute bei „Grieche sucht Griechin“ zum Büro- und Telefondienst eingeteilt, da sie so eine angenehme Telefonstimme habe. Ich könne um 14 Uhr gerne ins Büro kommen und mich gleich zum Sommerfest anmelden. Das tat ich, weil ich sowieso in der Nähe zu tun hatte. Trulla thronte auf Stühletto, ohne den sie offenbar nicht mehr saß und machte einen ungeheuer geschäftigen Eindruck. Dann reichte sie mir ein Anmeldeformular und sagte, wenn ich kommen wolle zum Sommerfest, solle ich mich da eintragen. Ich sagte Trulla, wenn „U. A .w. g. „und Alkohol wird genossen“ hieße, würde ich gerne kommen. Trulla zischte, ich hätte keine Umgangsformen und griff wieder zum Telefon. Ich füllte brav den Bogen aus und sagte dann, ich müsse weg. Sie könne da alles nachlesen und zischte ab.

Am Abend ringelte Trulla bei mir an und fragte mich schnaubend, was denn „I.K.G.M.H.U.B.“ sei. „Ganz einfach“, sagte ich fröhlich. „Das heißt nichts anderes als: Ich komme gerne mit Hut und Begleitung!“ Trulla keuchte heftig und fragte, wen ich denn als Begleitung mitbrächte und warum ich einen Hut aufsetzen wollte, ich hätte kein Hutgesicht. Ich sagte, ich täte meinen Freund mitbringen und der habe sich einen Panamahut zu seinem Leinenanzug gekauft. Außerdem sei er ein waschechter Akademiker. Trulla dachte laut nach. Sie sagte, dagegen spräche, dass mein Freund und ich uns nicht durch „GsG“ kennengelernt hätten.

(Da hatte Trulla sehr recht. Ich habe ihm nämlich bei Schlecker kennengelernt. Ich hatte auf einer Packung das Kleingedruckte nicht lesen können. Weil ich ja zu eitel für eine Brille bin, und die sowieso dauernd verlieren würde. Und da hat er mir geholfen und so ist es passiert. Als ich das dann später der Trulla erzählt habe, ist sie in sieben Schlecker-Märkte, zweimal Aldi und dann noch in vier Apotheken und zu Karstadt, wo sie angesichts von Männern Packungen angegrabscht und verzweifelt studiert hatte. Sie hat aber keinen Mann gefunden, außer den Kaufhausdetektiv vom Lidl. Der wollte ihr nicht glauben, dass sie das Kleingedruckte nicht lesen konnte, weil Trulla vergessen hatte, ihre Brille abzunehmen ...)

Dann sagte Trulla noch, mein Freund könnte bei dem Feste eine andere, wichtige Funktion wahrnehmen. Es seien ja leider mal wieder zu viele Frauen da. Er mit Hut und in Leinen solle ruhig ein paar Frauen anziehen. Die könnten bewundernd neben ihm sitzen und wären ruhig gestellt und dann blieben mehr Männer für die anderen Weiber. Ich sagte Trulla, dass ich nicht wisse, ob mein Freund gerne

Fliegenleim abgeben wolle, auf denen dann was kleben bleibe. Trulla sagte, das wolle jeder Mann und ich solle mich bitte nicht so haben. Ich beschloss, meinem Freund nichts davon zu sagen, zu welchem Verwendungszeck Trulla ihn dort haben wollte. Ich sagte zu Trulla, wir würden beide kommen und dann meinte sie, sie müsse auch gleich auflegen, wegen des hohen Organisationsaufwandes, der von ihr verlangt würde.

An dem besagten Abend lag brütende Hitze über der Stadt. Ich zog mir was Leichtes in Rosa an, passend zu dem rosa Hemd, das mein Freund zu seinem Leinenanzug trug. Als er Trullas ansichtig wurde, zog er elegant seinen Panamahut und ich die Luft ein. Trulla war nämlich sehr geblümt und rüschig an dem Tage, so ein bisschen wie eine XXL- Summernight-Special-Barbie. Sie gab mir und meinem Freund je einen Anhefter, auf dem „Gast“ stand. Ich schnappte mir einen Stift, schrieb unter das Schild von meinem Freund „besetzt“ und heftete es ihm an. Doch mein Nachbessern half nichts, mein Freund wurde bald hartnäckig von zwei Frauen (eine davon mit Baskenmütze) verfolgt, was ihm offenbar recht gut gefiel. Ich nahm es erstmal zur Kenntnis.

Es gab dann eine Eröffnungsrede vom Erfinder von „Grieche sucht Grieche“, einem Dr. med. dent., der mittlerweile eine cand. Ing. geheiratet hatte. Ich fragte Trulla, die neben mir stand, ob es sich bei cand. Ing. um eine kandierte Ingenieurin handele. Trulla hielt mir die Hand vor den Mund und die Rede ging dann noch weiter.

Anschließend wurden neckische Kennenlernspiele gespielt. Alle Frauen erhielten einen rosanen Luftballon und alle Männer einen blauen. Zur Melodie von „Griechischer Wein“ sollten wir die Ballons in die Luft werfen und dann sollten die Männer die Frauenballons und die Frauen die Männerballons schnappen. Die kandierte Ingenieurin und der Zahndoc machten es uns vor. Anschließend sollten wir den Ballon des anderen Geschlechts tändelnd umgarnen, als ob er unser Liebster sei, den wir für uns gewinnen wollten. Ich steckte mir den Liebsten unters Kleid und rief aus: „Hurra, ich bin schwanger!“ Dann suchte ich den Sektstand auf, wo all die standen, welche keine Freude an neckischen Kennenlernspielchen hatten.

Dort hörte ich mir die Geschichten verwaister Herzen an. Eine promovierte Geschichtslehrerin erzählte mir, sie habe vor einigen Tagen einen ebenfalls promovierten Historiker kennengelernt, der sich so sehr für Napoleon interessiere, dass sie fürchte, er würde sich bald für den großen Franzosenkaiser selber halten und eingewiesen werden. Ich sagte, sie solle ihr Kleid unterm Busen mit einer Schleife wie im Empirestil raffen, sich Löckchen drehen, silberne

Sandalen kaufen, dazu ein kleidsames Krönchen und sich als Josephine ausgeben. Die Historikerin geriet außer sich vor Begeisterung. Nun hing an mir eine Traube von Frauen, die alle eine Beratung wünschten. Diskret wurden mir ein paar Scheine zugesteckt und diverse Getränke ausgegeben.

Nach so etwa einer halben Stunde kämpfte sich mein Freund zu mir durch. Ich war gerade eine Juristin am Beraten, welche aus „Grieche sucht Griechin" ausgewiesen werden sollte. Sie hatte sich in einen Tankwart verknallt und dies dummerweise verlauten lassen. Man habe ihr geraten, den Tankwart zur Abendschule zu schicken, um ihn dann nach erfolgreichem Hochschulstudium in die Gruppe aufnehmen zu können. Sie schluchzte, dass sie so lange nicht warten könne. Ich empfahl ihr einen befreundeten Schriftsteller, der sich ein Zubrot mit gut erfundenen Urkunden für den halboffiziellen Bereich verdient. Die Juristin hörte auf zu weinen und wir beschlossen, aus dem Tankwart einen Dr. Ds. Bl. (Diesel Bleifrei) von einer Universität zu Wladiwostock zu machen, wo er beim Professor Doktor El. Mot. (Elektromotor) über das Thema „Der Kleinwagen in Korrespondenz zum Geländefahrzeug unter besonderer Berücksichtigung des Rückspiegels" promoviert habe. Ich gab ihr gerade die Adresse vom Schriftsteller, als mein Freund mich zur Seite nahm.

Inständig bat er mich um Befreiung von den beiden Frauen. Die Baskenmützenträgerin habe sich als Radikalfeministin auf der Suche nach einem Mann geoutet, welcher in Männergruppen wie „Schwanzlos in Hannover" ginge und wollte ihm seinen Panamahut wegnehmen. Die andere sei eine Magistratswitwe aus Kärtnen und noch schlimmer.

Ich verabschiedete mich von den Rat suchenden Frauen unter Hinterlassung meiner Visitenkarte für weitere Beratungsgespräche, dann postierte ich meinen Freund in Hörnähe der beiden Frauen, die an ihm geklebt hatten, ging auf diese zu und fragte sie, ob sie dem Typen da mit dem Strohhut auch auf den Leim gegangen seien. Es sei ein stadtbekannter Akademikerschwindler, in Wirklichkeit arbeite er als Bademeister für Nichtschwimmer.

Die Magistratswitwe musste sich gleich setzen und die Baskenmütze wurde sehr wild. Sie ging zum Grillstand und fragte nach einem Messer. Ich wetzte hinter ihr her und sagte, ich würde eine sehr, sehr gute Männergruppe namens: „Studierte Kastraten" kennen, welche ihre weibliche Seite am Entdecken seien und sich darüber mit Frauen wie ihr sicher gerne austauschen wollten. Wenn sie mir das Messer gäbe, würde ich ihr die Telefonnummer aufschreiben.

Sie händigte es mir sofort aus und ich kritzelte ihr die Telefonnummer meines Ex-Ex auf einen Zettel, der als Krankenpfleger in der geschlossenen Abteilung der Universitätsklinik arbeitete. Dann ging ich zu meinem Freund, flößte ihm einen Schnaps ein und fuhr ihn nach Hause.

Nachklapp

Trulla ringelte am nächsten Tag bei mir an. Sie sei amerikanisch versteigert worden für den Hilfsfond für liebesnotleidende Akademikerinnen und Akademiker. Mit wem sie die Nacht verbrachte habe, wollte sie mir aber nicht sagen. Ich habs jedoch herausgebracht: Trulla hat den durchgeknallten Napoleon bekommen. Dies habe ich von der untröstlichen Historikerin erfahren. Morgen kommt sie zur erneuten Beratung zu mir – gegen Vorkasse, versteht sich ...

Trulla und der Klimawandel

Als politisch und sozialökonomisch orientierte Frau, wie sie sich selber zu bezeichnen pflegt, nimmt meine Freundin Trulla auch am aktuellen Tagesgeschehen teil. Sie hat auch einen Haufen Zeitungen, so quasi für jeden Wochentag eine, abonniert. Wer aus meinem Bekanntenkreis umziehen will, weiß, wo er immer jede Menge Altpapier zum Einwickeln von Gläsern und Porzellan herbekommen kann. Trulla behauptet, dass sie die Zeitungen alle liest. Ab und zu ringelt sie mich wegen einer dringenden, politischen Situation auch mal an. Neulich war es der Klimawandel.

Ich hatte an dem Tag jedoch ganz andere Sorgen. Meine Waschmaschine war vorm Schleudergang ausgefallen und ich musste unten abpumpen, was oben nicht herauskommen wollte. Trotzdem ging ich ans Telefon und war sehr erleichtert, dass nicht mein Untermieter dran war, der sich über durch die Decke tropfendes Wasser beschwerte. Trulla zischte mich an, wie ich an Waschmaschinen denken könnte, wenn die Welt vor einer globalen Katastrophe stünde. Ich dagegen sagte, meine Maschine sei eine solche, vor allem, wenn ich darüber nachdenken täte, was mich eine neue kosten würde.

Trulla dagegen las mir einen Artikel vor, der sich mit der globalen Erwärmung, der Gletscherschmelze und erneuerbarer Energie auseinandersetzte. Ich sagte, zum Punkt der Erwärmung könne ich einiges beitragen, da das Wasser, welches aus meiner Maschine käme, kochendheiß sei.

Trulla hatte kein Ohr für mein Problem. Sie rief mich nur zum Energiesparen auf. Ich sagte, dass ich mit Sicherheit viel Energie sparen würde, wenn ich nun wegen der defekten Maschine auf Handwäsche umsteigen müsse.

Dann beendete ich das Gespräch, zog mir die Socken aus und krempelte Ärmel und Hosenbeine hoch. Ich fischte mittels eines Kochlöffels die heiße Wäsche aus der Maschine und wrang sie in der Badewanne aus. Danach öffnete ich die untere Luke, ließ Wasser ab und reinigte das Flusensieb. Zu meiner unglaublichen Erleichterung tat es die Maschine danach wieder. Ich füllte die Wäsche wieder rein, wischte den Boden auf und setzte mich mit einer Tasse Kaffee zum Trocknen auf den Balkon.

Das Telefon ringelte wieder. Es war Trulla. Sie teilte mir mit, dass sie sich zu Energie sparenden Individualmaßnahmen entschlossen habe: Sie wolle ab sofort nunmehr auf umweltfreundliche Verkehrsmittel umsteigen, die Nahrungskette durch den Verzicht auf tierische zugunsten pflanzlicher Nahrung verkürzen und ihre Energieträger im privaten Bereich erneuern. Ich fragte, ob das im Klartext hieße, das sie von nun an mit dem Rad führe, Körner und Gemüse äße und sich eine neue Waschmaschine, Kochherd, Fernseher und so weiter kaufe.

Außerdem machte ich sie darauf aufmerksam, dass alle ökologisch orientierten Männer, die ich kannte, Johannes oder Jakob hießen, Baumwollsocken in Treckingsandalen trugen, ausschließlich auf Flohmärkten kauften und Urlaub auf dem Bauernhof oder in Jugendherbergen machen würden, die mit dem Fahrrad erreicht werden könnten. Trulla keuchte. Sie sagte, ein jeder von uns müsse ein Opfer bringen.

Ich verabschiedete mich, weil ich aus der Küche komische Geräusche gehört hatte und fürchtete, es sei wieder meine Waschmaschine. Es war aber nur die Katze, die beim Herunterspringen vom Küchenregal ein Nudelholz mit sich gerissen hatte und mitsamt diesem in eine Grünpflanze gestürzt war.

128 Ein paar Tage später lud Trulla mich zu sich ein. Sie wollte mir ihren neuen Lebenswandel präsentieren. Da meine Maschine schon wieder streikte, sagte ich, dass ich gerne käme, wenn ich ein bisschen Wäsche mitbringen könne. Trulla erlaubte mir dies und so machte ich mich wenig später schwer bepackt auf den Weg.

Trulla empfing mich in einer härenen Kutte, die sie in einem Dritte-Welt-Laden erstanden hatte. Sie hatte alle Glühlampen ausgeschraubt und wollte diese durch Energiesparbirnen ersetzen, die es bei Ikea im Angebot gäbe. Sie wolle baldmöglichst mit der Bahn dorthin fahren, bei gutem Wetter auch mit dem Fahrrad.

Mühsam bahnte ich mir den Weg durch die dämmrige Wohnung in die Küche, wo ich meine Wäsche in die Maschine steckte. Als ich mir dann die Hände waschen wollte, fuhr Trulla dazwischen. Denn auch Wasser sei kostbar. Sie zeigte mir einen Blecheimer, auf dem „Händewaschen“

stand. Den solle ich nehmen, das Wasser würde sie hernach noch zum Blumengießen verwenden. Ich verzichtete aufs Händewaschen und auch auf den leckeren Spinat-Kürbisbrei mit Soja-Häubchen, den Trulla mir zum Abendessen anbot. Als ich aufs Klo wollte, sagte sie, ich solle nicht bei „jedem kleinen Geschäft" ziehen, bitte. Und wenn, dann auch nur ganz, ganz kurz.

Anschließend hockten wir bei Kerzenlicht auf dem Sofa. Trulla zeigte mir ein Photo. Viel konnte ich nicht erkennen, aber das, was ich sah, reichte mir. Ich fragte Trulla, wer das sei und sie sagte, sie habe ihn vor drei Tagen über „Grieche sucht Griechin" kennen gelernt. Dort gäbe es jetzt ein Forum für den energiebewussten Single. Er sei Diplom-Ernährungswissenschaftler und sie wolle ihn morgen besuchen. In seinem abgeschiedenen Domizil im Deister würde er den Strom über eigenes Treten auf einem Fahrrad herstellen und vollkommen gesellschaftsautark leben. Ich ging in die Küche und schaute nach meiner Wäsche. Auf dem Rückweg fiel ich in der Dunkelheit über Stühletto und stieß mir den Kopf.

Zuhause angekommen hörte ich eineinhalb Tage lang nichts von Trulla. Besorgnis machte sich in mir breit. Ich hatte schon mehrmals bei ihr angeringelt, aber nur ihren AB ranbekommen. Trulla hatte gerade Ferien. Ich war schon nahe daran, mich in den Deister aufzumachen, um nach meiner Freundin zu suchen, als mein Telefon ringelte.

Mit krächzender, völlig ermatteter Stimme teilte sie mir die Rückkehr in ihre City-Single-Wohnung mit. Besorgt fragte ich, wie es ihr ginge. „Wenn ich es nicht überlebe, sorge gut für Stühletto", schluchzte sie.

Alarmiert knallte ich den Hörer auf, spurtete im Dauerlauf zu ihr und ringelte Sturm an ihrer Haustür.

Im Flur empfing mich eine Trulla, die sich nur mit Mühe auf den Beinen halten konnte. 1,5 Kilo habe sie abgenommen, ächzte sie, bevor sie sich auf die Recamiere legte. Ich bat sie, mir zu erzählen, was denn geschehen sei mit ihr.

Trulla berichtete, dass sie vom Bahnhof aus das Haus im Deister nach dreistündigem Fußmarsch durch die Augusthitze erreicht habe – in einem lilafarbenen Sommerkleid mit Bolerojäckchen von Big Angel, einem kleidsamen Strohhut mit Blumen und hochhackigen Sandaletten. Schluchzend zeigte sie mir einen Fuß mit aufgescheuerter Ferse und mindestens 10 Blasen. „Er hat nicht mal Pflaster da gehabt, da er auf die natürliche Wundbehandlung schwört", schluchzte Trulla. Statt dessen hätte er ihr zu einer Eigenurintherapie geraten. Nach ihrer Ankunft, so erzählte sie weiter, habe sie sich erstmal sofort auf das stromerzeugende Fahrrad schwingen müssen, um ihren „Kilowatteinstand zu erradeln". Nach dreieinhalb Stunden sei es ihr dann gelungen, sich wenigstens des Hutes und der Sandalen zu entledigen.

Anschließend habe sie ein Video über die Erderwärmung gucken müssen. Zu essen habe es nichts gegeben, denn der Mann sei gerade am Heilfasten gewesen. Trinken durfte sie Tee, welcher aus einer Art Brennesselsud hergestellt worden sei. Danach sei sie vor Erschöpfung auf dem Sofa eingeschlafen, bis sie dann nach ungefähr vier Stunden zum Radeln geweckt worden sei. Sie habe es aber nur eine viertel Stunde durchgehalten und sei dann mit Wadenkrämpfen und Magenknurren vom Rad gestürzt. Hierbei habe sie sich den Ellenbogen aufgeschürft. Anschließend habe sie ihren Hut, ihr Bolreojäckchen, ihre Handtasche und die Sandalen geschnappt. Auf bloßen Füßen habe sie sich zum Bahnhof geschleppt, im strömenden Regen. Dort habe sie den nächsten Zug gen Heimat genommen und sei dort sofort in tiefen Schlaf gefallen.

Ob ich was für sie tun könne, wollte ich von Trulla wissen. Trulla bat mich matt, ihre Glühbirnen wieder einzuschrauben, was ich gerne tat. Ich fragte sie, ob ich denn nun wieder in althergebrachter Manier Händewaschen und aufs Klo gehen dürfte. Trulla war so fertig, dass sie nicht mal mehr zischen konnte.

Nachklapp

24 Stunden später hatte Trulla sich wieder voll eingekriegt. Sie ringelte bei mir an und sagte, sie habe bei „Grieche sucht Griechin“ das Profil des Deister-Ökos gelöscht und sei über das eines entzückenden Industriellen gestolpert, aus der holzverarbeitenden Industrie. Ich fragte sie, ob er Regenwälder abholzen täte dafür. An Trullas empörtem Zischen erkannte ich, dass sie mittlerweile völlig wiederhergestellt war.

Trulla und die zwei Tenöre

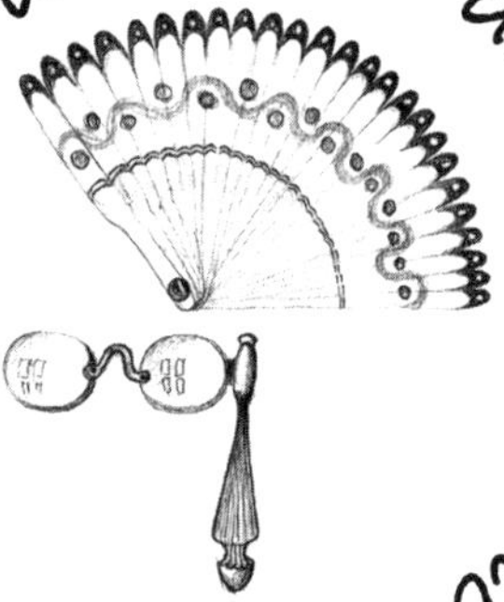

Neulich putzte ich gerade mit Schwung und im Takt von Deep Purple das Küchenfenster, als Trulla anringelte. Sie lud mich zu einem abendlichen Konzert zweier Tenöre ein. „Damit du auch mal was anderes hörst“, erklärte sie mir. Ich fragte, ob die Tenöre auch Fenster putzen könnten. Trulla zischte, es handele sich um zwei akademische Sangesbrüder aus Mailand. „Gibt es da keine Fenster?“, wollte ich wissen. Trulla keuchte. Da würden sie und ihr Portemonnaie mir schon mal einen solchen Kulturgenuss bieten und ich undankbares Wesen käme mit Fensterputzen. Ich schielte an meinem Küchenfenster hoch. Das Sprühmittel drohte einzutrocknen, gefährliche Putzstreifen bahnten sich an. Um eines sauberen, streifenfreien Fensters willen sagte ich, dass ich übermorgen gerne mit zu den Tenören käme und putzte dann zuende.

Zwei Tage später trafen Trulla und ich uns vor der Oper. Trulla stand vor einem Blumenkübel und trug ein schwarzes

Spitzenkleid mit einer großen Rose vorne Sie hatte einen schwarzen Pompadour und ein Opernglas dabei und war in eine Stola gehüllt. „Buona notte“, rief sie überschwänglich, als sie meiner ansichtig wurde.

Wir tranken im Foyer noch einen Sekt und suchten dann unsere Plätze auf. Trulla entnahm ihrem Pompadour einen schwarzen Fächer, den sie mir mit dem diskreten Hinweis reichte, ihr ab und zu etwas Luft zuzufächern, falls die musikalische Erregung sie dergestalt zu übermannen drohe, dass sie in Atemnot käme.

Dann kamen die beiden Tenöre auf die Bühne. Einer war klein und ein bisschen spillerig, der andere hatte ungefähr die Statur von Trulla auf männlich, nur dass Trullas Oberweite bei ihm keine Heldenbrust, sondern einen imposanten Bauch bildete. Die Tenöre sangen eine Menge zusammen, aber auch alleine und dreimal musste ich Trulla befächern. In der Pause schaute Trulla nach Männern aus, die sich aber meistens in der Begleitung von Frauen befanden.

Im zweiten Teil erzählte einer der beiden Tenöre, dass sie gerne ein spezielles Ständchen geben würden. Dazu hätten sie sich eine Kartennummer gezogen, und der stolze Besitzer oder die Besitzerin dieser Nummer dürfte auf die Bühne kommen und würde besungen. Es handele sich um die Nummer 311. Trulla zog ihre Eintrittskarte aus ihrem Pompadour und keuchte: „Ich! Das bin ich!“ Sie erhob sich, drängte sich durch die Sitzreihe und wurde vorne von einem der beiden Tenöre auf die Bühne geleitet. Sie verbeugte sich nach beiden Seiten und wurde dann gebeten, kurz etwas zu ihrer Person zu sagen. Trulla wiegte sich kokett in den Hüften, wogte mit ihrer Rose und sagte, sie würde ewige Weisheiten in junge Seelen versenken, pendeln und ihr Stuhl sei antik.

Dazu hob sie kokett den Saum ihres Kleides, was den links von ihr stehenden Tenor zu dem Ausruf: „Oh, Signora hat Wasser in die Beine wie meine arme Mamma mia!", veranlasste. Die nun entstehende Kunstpause wurde von dem anderen Sänger durch ein: „Wie heißen Signora, wie Name?", unterbrochen. Trulla neigte den Kopf zur Seite und sagte, ihre Eltern hätten ihr den Namen „Trulla" in die Wiege gelegt. „Ah, bene, bene!", rief da der andere. „Nun ich weiß, was wir singen für Signora Trulla!"

Er beugte sich kurz zum Dirigenten, tuschelte mit seinem Bruder. Dann legten die beiden los: „ La Trulla è mobile, qual piuma al vento ..." Ich blickte durch das Opernglas und sah, dass Trulla die Tränen auf ihre Rose fielen und sie die Hände wie zum Gebet gefaltet hatte.

Unter donnerndem Applaus wurde sie danach von der Bühne geleitet und sank in ihren Sitz. Ich fächelte unaufhörlich, während Trulla immer wieder von wilden Schauern und Schluchzern geschüttelt wurde. Nach der dritten Zugabe verließen die beiden Tenöre die Bühne und Trulla und ich das Theater.

Wir gingen noch auf einen Rotwein zu Giuseppe, wo Trulla noch immer wallte und wogte und wir ein Extra-Glas auf Verdi tranken.

Nachklapp

Auch mit ihren geschwollenen Beinen hat Trulla sich angefreundet. Sie sagt, es seien Ödeme, und dies Leiden hätte somit etwas Akademisches.

Trulla will gebären

Meine Freundin Trulla und ich sind neulich in der Eilenriede, dem hannöverschen Stadtwald, spazieren gegangen. Die Eilenriede hat neben mehr oder weniger frischem Grün auch jede Menge Jogger, Hunde und Hundehaufen zu bieten. Von den Hundehaufen magisch angezogen werden nicht nur Fliegen, sondern auch Kleinstkinder. Und da es in der Eilenriede daneben auch noch Kinderspielplätze gibt, sind immer eine Menge Eltern mit ihrem Nachwuchs dort unterwegs. So war es auch an diesem Sonntagnachmittag und irgendwie machte dies wohl Eindruck auf meine Freundin. Immer, wenn wir einem mehr oder weniger schwangeren Paar begegneten, seufzte Trulla: „Ach!“ Sahen wir dagegen Mann und Frau plus Kinderwagen, steigerten sich ihr Äußerungen zu einem „Ach, oh, ja, ja!“ Als wir in einer Waldgaststätte Rast machten und uns eine Berliner Weiße genehmigten, war Trulla beim „Ach, oh, ja, ja, ja, oh!“ angekommen.

Ich fragte sie schließlich neugierig, was sie denn da be-achte oder be-ohte. Trulla sog heftig an ihrem Strohhalm und schnaubte ein wenig vor sich hin. Dann breitet sie die Arme aus und rief aus: „Wie gerne würd' ich auch gebären, der Welt neues Leben, noch nie Dagewesenes, schenken!"

Ich schaute auf Trullas Mitte. So wie im vierten bis fünften Monat sieht sie ja immer aus. Ich schlug ihr vor, sich eine nette Schwangerschaftslatzhose zu kaufen, dann würde sie sich sicher gleich ganz anders fühlen. Trulla zischte. „Du", so zischte sie mich an, „du hast ja bereits. Zweimal hast du." Ich fragte Trulla, wie sie sich das denn vorstelle – nicht nur ihres Alters wegen, das schon über die 40 hinausgeschossen war. Wie – so wollte ich wissen – sollte ein Kind denn in einer unbemannten City-Single-Wohnung mit Stühletto glücklich aufwachsen?

Trulla zischte noch mehr. Natürlich würde sie die Reihenfolge einhalten. Und sobald sie einen Akademiker kennengelernt hätte, der ihr außer Liebe, Wärme und Geborgenheit auch noch ein Haus und ein Kind zu schenken gedenke, stünde der Fortpflanzung doch nichts mehr im Wege, oder? „Und außerdem", fügte sie zischelnd hinzu, „außerdem bin ich Frau genug, um ein Kind auch alleine in einer City-Single-Wohung aufzuziehen!"

Ich sagte, dass ich ihr dies ohne jeden Zweifel glauben täte, aber ob sie auch mal ernsthaft an die Recamiere, Stühletto und Goethe-hinter-Glas gedacht habe. Habe sie, kam Trullas prompte Antwort. Das Kind würde eben gleich in einer hochkulturellen Umgebung aufwachsen.

Ich seufzte und fragte vorsichtig an, was Trulla tun würde, wenn das Kind die Recamiere mit Nutellafingern betatschte, mit Hilfe von Stühletto Hoppe-Hoppe-Reiter spielen täte und sich auf dem Goethe künstlerische Freiheiten mittels Wachskreide, vermischt mit Penatencreme, herausnehmen würde, wobei sie das – und ich spräche da aus zweimaliger Erfahrung – beliebig austauschen könne: Die Penatencreme-Matsche könnte auch Stühletto treffen und ein Nutella-Brot würde vortrefflich auf Goethe haften bleiben und dort bis in alle Ewigkeiten seine Spuren hinterlassen.

Trulla schaute mich an und sagte dann, ich hätte trotz zweimaligen Gebärens offenbar keinerlei kleinkindpädagogische Ahnung. Man könne – und müsse – gerade der Kinderseele von Anfang an den Respekt vorm Eigentum zeigen, und zwar nachhaltig, aber trotzdem gewaltfrei! Ich sagte, wenn ihr das gelänge, würde sie den Nobelpreis plus Pampers-Orden mit Hipp-Schleife kriegen. Ob sie ihre Ahnungen etwas konkretisieren könnte?

Trulla lächelte mild. Sie würde dem Kind sagen, dass es sich bei Stühletto um kein Töff-Töff, sondern eine wertvolle Errungenschaft handele. Sie würde Stühletto ein Schild umhängen, auf dem „Ich bin ein Stuhl und es tut mir weh, wenn man mich beschmutzt", stände. Gleiche Schilder würden auch die Recamiere und Goethe erhalten und wenn das Kind noch nicht lesen könne, würde sie das Bild halt mit einer Illustration – zum Beispiel einem bitterliche Tränen vergießenden Stühletto – versehen.

Mir fehlten die Worte ob dieser pädagogischen Einfälle. „Siehst du", sagte Trulla stolz. „Da fällt dir nichts mehr zu ein, was?" Ich wollte nur noch zahlen, aber Trulla schien das Thema „Kinderkriegen" nicht mehr loszulassen ...

Zwei Tage später ringelte sie bei mir an und fragte, ob ich wisse, dass es heute Abend einen Tag der offenen Tür im neuen Geburtshaus gäbe. Plus Hebamme und Besichtigung des alternativen Kreissaals. Ich sagte matt, ich wüsste nicht mal, dass es ein neues Geburtshaus gäbe.

Trulla flehte mich an, sie dorthin zu begleiten, nur der theoretischen Information wegen. Außerdem wolle ich ja vielleicht auch mal Großmutter werden, wenn ich schon keine Kinder mehr in die Welt setzen wolle. Die Großmutter schockte mich mehr als alles andere. Aber ich sagte schließlich doch zu, nicht, weil mich das Geburthaus auch nur die Bohne interessierte, ich war aber schon neugierig, wie Trulla sich in diesem verhalten würde.

Trulla war in ein neues, wallendes Gewand von Big Angel gehüllt, welches unter dem Busen im Empirestil geschnürt war. Trulla sah damit nicht gerade unträchtig aus. In der Einganghalle des Geburtshauses waren schon an die zehn werdenden Elternpaare versammelt. Trulla hielt sich dezent im Hintergrund – und die Hand auf ihren Bauch.

Eine Hebamme geleitete uns zuerst in den Raum für die Schwangerschaftsgymnastik, wo sie uns große Bälle und Matten zeigte und einiges übers Atmen und Verhecheln und Pressen erzählte. Trulla hörte mit großen Augen zu.

Dann ging es weiter in eines der Gebärzimmer, wie die Kreißsäle nun auf Neudeutsch heißen. Dort stand ein breites Bett und auch eine Hängematte hing rum, auf der ein großer Kuschelteddy lag. Den nahm die Hebamme raus und fragte, ob eine der Damen Lust hätte, sich in die Hängematte zu schwingen. Trulla hatte Lust, nahm einen Riesenanlauf und schwang so heftig, dass sie aus der Hängematte gleich wieder raus auf den Bauch klatschte. Die Hebamme war sofort bei ihr mitsamt einem Hörrohr. „Um Gottes willen, die Herztöne!“, keuchte sie. „Nicht bewegen! Ganz ruhig! Tut Ihnen etwas weh?“ Trulla rappelte sich auf und versuchte ihren Bauch einzuziehen. „Ich bin nicht schwanger“, murmelte sie. „Sind sie sich da ganz sicher?“, schrie die Hebamme. Trulla zischte und zog schnaubend an mir vorbei und dann mich aus dem Raum. Ich hatte mir inzwischen ein Taschentuch in den Mund gesteckt, weil lautes Lachen aus mir herauswollte.

Trulla dagegen schwieg auf dem Heimweg verbissen. An einer Kreuzung kam uns ein Kinderwagen mit brüllendem Inhalt entgegen. Die ihn schiebende Mutter hatte ein weiteres, schreiendes, wutrot um sich tretendes Kind an der Hand. „Die armen Kinder“, sagte Trulla schockiert zu mir, die endlich ihre Sprache wiedergefunden zu haben schien. „Was haben die nur?“

Mir tat eher die geplagte Mutter leid und ich sagte Trulla, das Geplärre könne tausendundeinen Grund haben: vollgeschissene Windel, Blähungen, Trotzalter. Manchmal würden sie aber auch ohne jeden Grund so brüllen.

Trulla, immer noch wortkarg, lud mich auf ein Bier ein. Vom Kinderkriegen wurde an diesem Abend nicht mehr geredet.

Nachklapp

Trulla will nun endgültig keine Kinder mehr. Sie hat im Geburtshaus angerufen und gefragt, ob sie Stühletto als Gebärstuhl mitbringen dürfe. Man hat es ihr verweigert …

Trulla und die Laubenpieper

Trullas Vorfahren sind nicht alle akademischer Herkunft, auch bei ihr gibt es schwarze Schafe und eins davon war nun tot: ein Fleischermeister namens Egmont, der jedoch im Familienkreise Eggi gerufen wurde. Trulla ringelte mich an, um mir mitzuteilen, dass der Onkel ihr und ihrer Schwester testamentarisch seinen Kleingarten vor den Toren unserer Stadt vermacht habe. Ein Kleingarten passt zu Trulla ja nun genauso wie eine Twiggy in den Big-Angel-Laden. Trulla sagte, sie habe kaum Kontakt zu dem Onkel gehabt. Als der seinen neuen Laden eingeweiht habe, sei sie hin, er habe sie taxiert und dann so etwas wie: „Gut gewachsen die Sau, gut abgehangen", gemurmelt.

Ich fragte Trulla, was sie mit dem Garten zu machen gedenke. Trulla schnaufte: „Wir werden ihn verkaufen, denn er hat dem Onkel gehört. Circa 5000 Euro ist er wert, das teil ich mir dann mit meiner Schwester." „Na, das hört sich doch gut an", sagte ich.

Trulla bat mich, in den nächsten Tagen einmal mit ihr zu dem Garten, den sie noch nie gesehen hatte, zu fahren, denn ihre Schwester war gerade auf Dienstreise. Sie habe vom Notar die Schlüssel erhalten, eventuell sei noch Mobiliar vorhanden, aber der Onkel habe den Garten die letzten zwei Jahre kaum mehr genutzt.

Wir starteten zwei Tage später in den späten Nachmittagsstunden. Es herrschte grau-trübes Wetter und die Kolonie lag recht verlassen vor uns. Während Trulla den Wagen abschloss und ihre Tasche holte, studierte ich interessiert die Neuigkeiten hinter Glas, die vorm Vereinsheim angeschlagen waren. Unter anderem wurde dort auch eine Vereinsfeier angekündigt, auf welcher „Mister Gurke" und „Miss Melone" gekürt werden sollten.

Dann folgte ich Trulla einen kleinen Weg die Gärten entlang. Diese wurden außer von Lauben, Blumen, Rasen, Bäumen auch von allerlei Gartenzwergen (zweimal mit Schneewittchen und Reh) geziert. Trulla keuchte jedes Mal, wenn sie eines dieser Gesellen ansichtig wurde. Ich sagte, sie solle sich die Burschen mal mit Flügeln vorstellen. Trulla zischte, meine Versuche, hier Profanes mit Spirituellem zu kreuzen, seien mal wieder völlig fehl am Platz.

Dann hielt sie schnaufend vor der Parzelle 104 und schloss eine grüne, efeuumrankte Pforte auf. Der Garten war zwergenleer und Trulla schaute dann zusammen mit mir in eine kleine Laube, welche bis auf einen Plastiktisch und Stühle keinerlei Mobiliar enthielt. In einem Schuppen fanden wir einen Haufen Gartengeräte und einen Rasenmäher.

„Ich muss mal", jammerte Trulla. Ich deutete mit der Hand auf ein kleines Häuschen neben der Laube. „Niemals", sagte Trulla. Doch drei Minuten später schnaufte sie dann doch auf das Häusl zu, ich hörte den Riegel einschnappen und setzte mich auf eine kleine Gartenbank. „Nein", hörte ich es plötzlich aus dem Häusl keuchen. „Nein, das kann nicht wahr sein!" Ich setzte mich in Bewegung und legte ein Ohr an die Holztür. „Um Gottes Willen …", hörte ich Trulla drinnen wimmern. „… und ab und zu ein weißer Elefant … wenn das noch mehr wird …" „Trulla!," brüllte ich und wummerte mit den Fäusten gegen die Klotür. „Was ist mit dir?"

Einige Sekunden später hörte ich den Riegel schnappen. Trulla bückte sich und ich sah mich zunächst nur ihrem ausladenden Hinterteil gegenüber. Dann reichte sie mir mit anklagender Stimme einen Packen kleingeschnittener Blätter herüber und ließ sich auf die Schüssel plumpsen. „Das Karussell im Jardin de Luxembourgh wurde besudelt, sieh nur, sieh, sieh …" stammelte Trulla.

Ich stürzte nach draußen, riss mir mein Halstuch herunter und machte es in der Regenwassertonne nass. Dann sprintete ich zurück. Offensichtlich war die Kleingartenatmosphäre zuviel für Trullas Seele und die Nerven. „Ich hol 'nen Arzt", sagte ich und versuchte, das kühle Tuch auf Trullas Stirn zu legen. Trulla ließ es geschehen, sagte dann aber, ein Arzt sei nicht vonnöten. Ich öffnete ihr die Kostümjacke und den Reißverschluss am Rock und geleitete sie zu der Gartenbank, wo sie sich ächzend niederließ, den Papierpacken noch immer in der Hand.

Nachdem ich sie noch ein wenig weiter geöffnet und gekühlt hatte, war sie zu weiteren Aussagen fähig. „Dies hier", sagte sie und wedelte matt mit dem Packen, „fand ich neben dem Klo auf einen Haken aufgespießt. Als erstes fiel mir der weiße Elefant in die Hände! Er hat Rilke-Gedichte als Toilettenpapier benutzt!" Ein Windstoß trieb ihr den Packen aus der Hand und der gesammelte Rilke wehte in

Richtung Komposthaufen. Trulla sagte, neben dem Klo würde noch ein Kasten mit Büchern stehen, den ich bitte an mich nehmen solle, sie wolle nichts damit zu tun haben und ihre Schwester bestimmt auch nicht.

Auf der Rückfahrt versuchte ich Trulla, die neben mich auf dem Beifahrersitz gelagert hatte, aufzuheitern. „Rilke ist ihm doch ziemlich nahe gekommen", sagte ich, aber Trulla zischelte nur matt.

Bei ihr zuhause half ich ihr auf die Recamiere, stellte ein Schüsselchen mit Wasser und Tüchern auf Stühletto daneben und zündete einige Kerzen an.

Wenig später beschaute ich mir die Kiste. Ein Buch über die Dubarry und ihre Männer nahm ich an mich, das könnte ein gutes Geschenk für Trullas nächsten Geburtstag sein. Der Rest war unrilkisch und bestand hauptsächlich aus Fachzeitschriften der Fleischwirtschaft.

In einem dieser Magazine, die ich flüchtig durchblätterte, fand ich tatsächlich ein Gedicht des Onkels über seine Zunft. Es hieß : „Das Kotelett" und ging so:

Schwein, ach Schwein, was bist du nett
schenkst uns Schinken und Kotelett.
Lässt uns rüberwachsen
auch die deftig' Haxen.

Wurst und auch den leckren Speck
schneiden wir dir gerne weg.
Schwein, ach Schwein, ich will dich loben,
auch wenn Vegetarier toben.

Nachklapp

Am nächsten Mittag ringelte Trulla mich an. Sie klang bereits wieder recht munter, bedankte sich bei mir für die Rettung aus dem kulturellen Inferno und lud mich für den Abend zum Griechen ein. Ich kopierte das Kotelett für sie und rahmte es. Als ich es Trulla dann später überreichte, las sie das Poem mit wachsendem Erstaunen, sogar ein paar Tränen tropften auf das bedichtete Schwein. Ich schlug ihr vor, das Teil zuhause auf ihr Klo zu hängen, doch Trulla wollte nicht Gleiches mit Gleichem vergelten und hängte es in die Speisekammer.

Trulla oktobert

Neulich haben Trulla und ich in der Stadt bei einer Verlosung mitgemacht. Der erste Preis war ein Auto und der zweite eine Reise nach München zum Oktoberfest. Trulla hätte gerne das Auto gehabt, und mir war es eigentlich ziemlich egal. Nach drei Wochen kriegte ich einen Bierhumpen zum Aufblasen, den ich der Katze zum Krallenschärfen überließ. Trulla dagegen hatte den dritten Preis gewonnen, auch ein Oktoberfest, aber nicht in München, sondern hier in unserer Stadt, Besuch für Zwei auf dem hiesigen Oktoberspektakel im Festzelt auf dem großen Schützenplatz. Plus einem Dirndl für die glückliche Gewinnerin. Trulla ringelte mich an und zischte mir die Meldung ins Ohr. Ich dachte erst, ich solle mitkommen, aber Trulla hatte sich schon eine andere Begleitung auserkoren: „Meine Schwester! Ich schenk's ihr zum Geburtstag!"

Doch eine knappe Woche später ereilte mich ein Notringler von Trulla. Ihre Schwester läge mit einer heftigen

Magen-Darm-Grippe flach. Ob ich nicht heute Abend Zeit und Lust hätte. Ich schaute auf die Uhr. Es war gerade halb vier und ich fragte Trulla, wann es denn anfänge. Punkt 19 Uhr müssten wir da sein, meinte diese, wir bekämen auch noch eine feierliche Begrüßung und ein Präsent. Ich ging in mich. Ich hatte nicht mehr viel im Kühlschrank und was vor hatte ich eigentlich auch nicht. Also sagte ich zu. Wir verabredeten uns um Viertel vor sieben vor dem Festzelt.

Auf dem Platz war natürlich schon jede Menge Spektakel. Vor dem urbayerischen Zelt hatte man einen Kunstrasen gelegt, Holzbänke aufgestellt und eine Menge Pappfiguren, Buam in herzigen Lederhosen, den Schuhplattler tanzend, und Madeln in fescher Dirndltracht. Eine von den Maiden kam mir seltsam bekannt vor. Es war Trulla, die ein blauweißes Dirndl mit einer Rüschenbluse und einer weißen Schürze trug. Ihre Krokotasche passte nicht ganz dazu.

Trulla umarmte mich und zischte: „Das ist das Dirndl, das mit zu dem Preis gehört, ich bin heute zur Anprobe und die Dame hat gesagt, ich hätte einen tollen Balkon!" Dabei streckte sie ihren Busen weit raus und ich sagte, da fehlten nur noch die Geranien mit Taubendreck drauf. Trulla wollte was zischen, dazu kam sie aber nicht, denn wir wurde durch die nachfolgenden Massen ins Zelt gedrängt. An der Kasse zeigte Trulla ihre Gewinnbenachrichtigung hoch und wir wurden zu einem schwitzenden Mann im Trachtenanzug geführt.

Er begrüßte die Trulla und mich in waschechtem Berlinerisch und führte uns zu einem Platz an einem Holztischchen ganz vorne vor der Bühne. Trulla kriegte ein Lebkuchenherz mit der Aufschrift „A bayerische Gaudi für's herzige Fraudi“ über ihren Balkon gehängt und ich erhielt einen weiteren Plastikhumpen zum Aufblasen. Trulla hatte mir erzählt, dass sie schon eifrig Bayerisch gelernt habe: „Ja, pfüat di, mei, grüaß di, Sakrament!“, zischte sie dem Berliner entgegen. Der meinte nur trocken: „Mädels, det wird ne jute Schau heute“, und verabschiedete sich erstmal von uns.

Die Schau begann mit einer urbayerischen Blaskapelle. Die Jungs trugen Lederhosen und Gamsbarthüte und sangen echt bayerische Lieder wie „Griechischer Wein“ und noch einiges vom Ballermann, Trulla schunkelte und rief ein ums andere Mal: „Mei, dös is a Bomben-Stimmung hier is dös!“

Dann kriegten wir Haxn auf Kraut und Bier. Während wir aßen, kamen immer wieder Händler an unseren Tisch, die große Stangen trugen und an diesen waren Trachtenpuppen, Gamsbarthüte und Geldbörsen in Form von Lederhosen befestigt, die zum Verkauf feilgeboten wurden.
Trulla erstand einen Gamsbarthut und setzte ihn auf.

Daraufhin kamen sechs Japaner an unseren Tisch und begehrten in fließendem Englisch mit der urbayerischen Trulla abgelichtet zu werden. Trulla richtete Hut, Herz, Balkon und strahlte: „Yes, mei, sakra, I'm very glad to present you ma bawarian heartbeat, jesses!“

Während Trulla noch posierte, wurde ein Bulle auf die Bühne gehievt. Ein neben mir sitzender Hamburger, der einen Gamsbart an seine Prinz-Heinrich-Mütze geheftet hatte, sagte, nun käme das Bullenreiten. Man dürfe auf den elektrischen Bullen steigen und müsse versuchen, sich auf dem stark hoppelnden und sich aufbäumenden Tier solange wie möglich zu halten. Links und rechts neben dem Bullen wurden Schaumstoffkissen platziert, damit die Abgestürzten weich zu liegen kämen.

Der Berliner Trachtenseppi enterte die Bühne und erklärte, jeder der wolle, dürfe das wilde Tier besteigen. Trulla wurde von ihm als erste auf die Bühne gebeten, aber die meinte, sie wolle lieber als letzte. Ganz schön schlau von ihr, so konnte sie sehen, wie es die anderen machten. Eine junge Französin mit engem Rock zum Beispiel versuchte es im Damensattel und hielt sich nicht sehr lange auf dem wilden Tier und ein anderer Besucher hatte dem Starkbier offenbar schon so stark zugesprochen, dass er den Bullen mehrfach umrundete, aber erst gar nicht heraufkam, sondern gleich in den Schaumstoff sank, aus dem er dann entfernt werden musste. Einigen anderen gelang es, sich für kurze Zeit oben zu halten.

Als Trulla an der Reihe war, erhob sie sich und schwenkte kokett ihr Trachtenhütchen. Der Saal tobte vor Begeisterung. Trulla bestieg das Tier und dies wurde angestellt. Ein Ruck ging durch meine Freundin und ich sah, dass Trulla grünweiß um die Nase wurde. Sie stieß ein entsetztes „Ah, oh, umpf, uhgh“, heraus, was von den Japanern ganz anders gedeutet wurde: „The German Fräulein's jodling!”, schrien sie und hauten sich auf die Schenkel vor Freude.

Trulla hielt sich krampfhaft an der Haltebefestigung des Bullen fest. Ein Windstoß hob ihre Schürze und wehte ihr diese ins Gesicht, dumpfes Wehklagen kann darunter hervor. „She's rezitating the Erlkönig from the famous German poet Goethe“, raunte ich den Japanern zu, deren Begeisterung nun keine Grenzen mehr kannte. Da kam der Bulle zum Stillstand und Trulla sank zur Seite von ihm herab. Der Berliner half ihr auf die Beine und sagte, sie habe gewonnen. Sie hätte es am längsten geschafft. Trulla verbeugte sich mit wogendem Balkon und erhielt als Preis eine Anstecknadel, die der Berliner an ihr befestigte.

An unserem Tisch schnaufte Trulla mir dann ins Ohr, ein Träger vom BH sei gerissen, aber sonst sei alles ganz wunderbar, sie hätte auch schon gewusst, dass es an dem Abend Bullenreiten gäbe und zuhause auf Stühletto geübt.

Den Rest des Abend verbrachte sie dann mit einem Texaner links und einem Japaner rechts. Der Texaner hieß John Denver und hatte eine Rinderfarm und bei dem Japaner handelte es sich um einen Professor namens Hushatomonto oder so ähnlich. Er machte Haiku auf Deutsch und er machte auch eins für die Trulla:

Reitend den Bullen
Furchtlos fester Schenkeldruck
Bezwingt nun das Tier

Auf dem Klo, wo ich Trulla dann erste Hilfe am gerissenen BH-Träger leistete, zischte sie mir zu, dass beide, der Japaner und der Texas-Man sie zu sich in ihr Hotelzimmer gebeten hätten. „Ich weiß nicht, wen ich nehmen soll", keuchte Trulla, während ich den BH-Träger festknotete. „The winner taste it all", raunte ich ihr ins Ohr und so kam es, dass meine Freundin mit beiden Mannsbildern abzog.

Nachklapp

Zwei Tage später ringelte Trulla bei mir an. Sie sagte, beide Männer wären auf ihre Art bezaubernd gewesen, der Japaner ein Mann des absoluten intellektuellen Feingeistes, in Haikusilben 5-7-5 gegossen, und der Tex-Man, ein Urbild des wild, wild Cowboys, hätte sie richtig zugeritten. Ihr sei klar, dass sie einen Mann brauche, der diese beiden polaren Kräfte in sich vereine ...

Trulla und Madame Christin

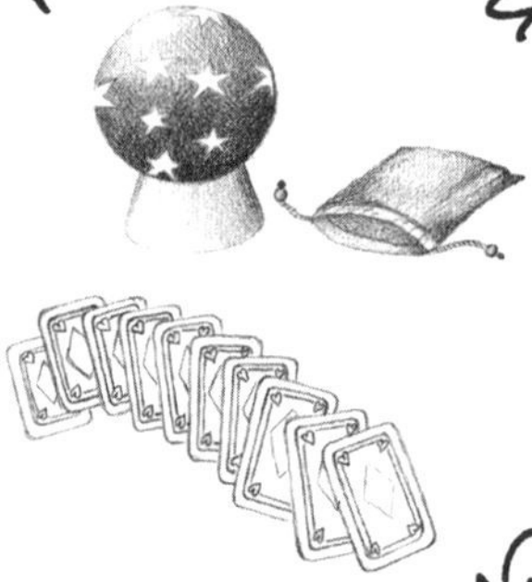

Wo sie diesen Supermann nun allerdings zu finden hoffte, erfuhr ich drei Tage später, als mir eine gutgelaunte Trulla vorm Edeka direkt in die Arme lief. Sie schwenkte ihr Pendel, erklärte, sie habe einen spirituellen Neuanfang vor sich und lud mich auf einen Cappuccino in ihre City-Single-Wohnung ein. Dort zeigte sie mir als erstes die Website einer gewissen charismatischen Madame Christin. „Schau dir das mal in aller Ruhe an", sagte sie und verschwand in der Küche.

Ich klickte drauf und las, dass Madame Christin eine Hei ratsbotin der Heiligen Standesamtia sei, der Schutzbefoh lenen aller sich noch nicht unter der Haube befindliche Frauen, welche gegen einen Unkostenbeitrag nach eigenen finanziellen Ermessen und einer pauschalen Grundgebüh von 222,22 Euro pro halbstündiger Sitzung als Ehevermitt lerin mit direktem Kristall-Kontakt zum Universum täti sei.

Man könne auch eine 5-minütige, telefonische Schnuppersitzung für 55,55 Euro plus Astralsteuer buchen. Weiter kam ich nicht, da Trulla mit Cappuccino nebst Himbeertorte angewackelt kam. Strahlend deutete sie nach einer fressbedingten Pause mit dem Löffel auf den Bildschirm und fragte mich, was ich davon hielte.

Ein Schnarren aus Trullas Handy enthob mich der Antwort, und meine Freundin stürzte kreischend auf Stühletto zu, auf dem das Handy lagerte. „Sie ist da, sie ist da!", jubelte sie und ich erfuhr, dass es sich um eine SMS von Madame Christin handelte. Trulla hatte nämlich schon gestern den „Holy-Handy-Heart"-Service der Madame gebucht, für schlappe 15,55 Euro pro SMS plus energetischer Starkstromsteuer, versteht sich. „Ein schwarzhaariger Mann wird ihren Weg kreuzen", stand dort. „Und was muss ich machen, damit er stehen bleibt?", fragte Trulla mich. Ich sagte, diese Frage könne wohl besser Madame Christin beantworten.

Trulla tippte emsig, stärkte sich dann mit einigen Bissen Torte und erhielt einige Minuten später die Antwort: „Überweisen Sie bitte die nächsten 15,55 Euro."

Nun ist Trulla auf der Bank. Sie steht am Automaten und sie überweist. Ich sehe es von draußen, ich gucke zu und frage mich, was wohl als nächstes passieren mag.

Ach, Trulla ...